Liebe Schülerinnen und Schüler,

mit *Sicher in die Oberstufe* halten Sie nun das neue Französisch-Lehrwerk in den Händen, das Sie auf dem Weg von der Sekundarstufe 1 in die Oberstufe begleiten soll.

Das vorliegende Heft enthält 6 *Modules*, mit denen Sie verschiedene Aspekte der französischen und französischsprachigen Welt entdecken werden. Diese Module sind voneinander unabhängig.

Sicher in die Oberstufe enthält eine Vielzahl authentischer Materialien, die von einer Audio-CD unterstützt werden:
- Beiträge aus der Presse
- Auszüge aus der Literatur sowie aus Sachtexten
- Umfragen
- Interviews
- Lieder usw.

Außerdem finden Sie umfangreiches Bildmaterial, unter anderem die in Frankreich besonders beliebten Karikaturen und *Bandes dessinées*, von dem wir hoffen, dass es auch Ihr Interesse finden wird.

Die abwechslungsreichen Aufgaben sind für die Entwicklung Ihrer „Standard-Kompetenzen“ angelegt. Darüber hinaus werden Sie zahlreiche Aufgaben finden, bei denen Sie Ihrer Kreativität freien Lauf lassen und/oder selbstständig arbeiten können.

Zu Ihrer Hilfe befindet sich am Rand jeder Seite ein Glossar mit den unbekannten Vokabeln. Zudem gibt es Verweise auf die wesentlichen Grammatik-Schwerpunkte und die wichtigsten „Strategien“ zu den fünf kommunikativen Kompetenzen (Lesen, Hören, Schreiben, Sprechen, Mitteln), die Ihnen das Bearbeiten der Texte und Aufgaben erleichtern werden. Diese befinden sich im Anschluss an die *Modules*.

Wir wünschen Ihnen viel Freude mit *Sicher in die Oberstufe*!

Das Autorenteam

Symbolerklärung	
	Audiotext auf Schüler-CD
	Audiotext auf Lehrer-CD-ROM
www	Internetrecherche/-aufgabe
→	Verweis auf eine Strategie im Anhang dieses Heftes
→	Verweis auf der Grammatik-*Révision* im Anhang dieses Heftes

1 Les médias 6

2 France-Allemagne : une nouvelle histoire 16

3 Vivre et agir ensemble 26

4 Les contrastes de la francophonie 35

Stratégies 63

Grammaire 83

La moitié des jeunes téléchargent de la musique.
Les règles de bonne conduite sur Internet
Accro à l'ordinateur ?
La presse en danger
Et la radio dans tout ça ?
Le journal télévisé attire 23 millions de spectateurs tous les soirs.

1

Qu'est-ce qu'un média ?
Et quels sont vos médias préférés ? Pourquoi ?

Les médias

A Internet est parmi nous

Communiquer : les smartphones

Rechercher : les moteurs de recherche

Se faire des amis : les réseaux sociaux

1 Internet et les jeunes

Sondage

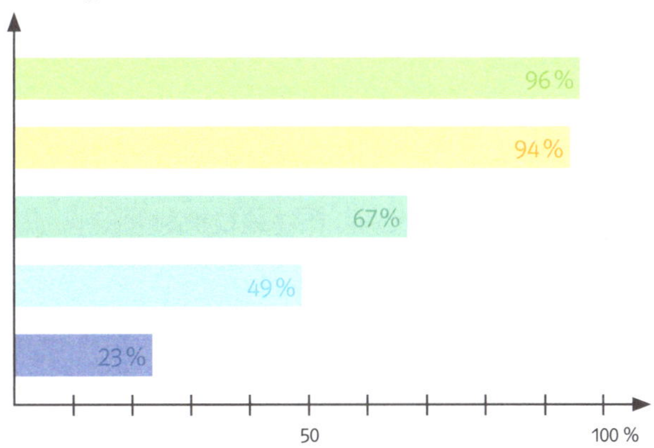

96 % des jeunes français de 12-18 ans utilisent Internet (dont 70 % tous les jours)
94 % utilisent un moteur de recherche dont 69 % pour les travaux scolaires
67 % écrivent des e-mails
49 % téléchargent de la musique, des films et des jeux
23 % participent aux salons de chat

La plupart des journaux (télévisés, radio ou écrits) ont mis leurs contenus en ligne, de nouveaux journaux ont été créés, de nouvelles sources d'informations sont apparues. Toutes ne sont pas fiables car chaque personne peut désormais réaliser son propre site et le mettre en ligne.

Elisabeth Combres, Sophie Lamoureux, Florence Thinard, *Les clés de l'info*, © Editions Gallimard Jeunesse, 2005 (extrait).

4 **un moteur de recherche** Suchmaschine
8 **télécharger** herunterladen
12 **le contenu** Inhalt
12 **mettre en ligne** *ici :* online anbieten
13 **apparaître** erscheinen
14 **fiable** vertrauenswürdig
14 **désormais** von jetzt an
14 **propre** eigen

a A quoi pensez-vous quand vous regardez les photos ci-dessus *(oben)* ?

b Regardez ce sondage et lisez le texte. Dites ensuite quelles sont vos activités sur Internet.

c Quelles sont vos sources d'information préférées ? Pourquoi ? Et sont-elles fiables ?

→ Stratégies 7, p. 70

d Faites un sondage en classe sur vos activités sur Internet et comparez vos chiffres avec les chiffres du sondage plus haut.

2 Bienvenue sur Internet

© Tralalere 2010, www.vinzetlou.net. (Pour les mentions légales liées aux études, voir page 96).

→ Stratégies 5, p. 68

a Regardez bien les panneaux *(Schilder)*, puis décrivez le dessin.
Expliquez quel est le message de son auteur.

→ Subjonctif § 2, p. 85

b Comment se protéger *(sich schützen)* des dangers sur Internet ? Discutez-en. Faites des phrases en utilisant par exemple : il (ne) faut (pas) que, il est nécessaire que…

3 Les blogs de Skyrock

→ Stratégies 8, p. 71 01

a Ecoutez le texte et cochez les bonnes réponses ou écrivez l'information demandée.

1. Le site Skyrock compte plus de 140 ☐ 150 ☐ 160 ☐ millions de visites par mois.	**2.** 24 000 000 ☐ 124 millions ☐ 160 milliers ☐ de personnes utilisent les blogs Skyrock.
3. La première fille croit que les blogs de Skyrock sont souvent tristes. ☐ marrants. ☐ sympas. ☐	**4.** Le premier garçon pense que les jeunes trouvent les blogs de Skyrock nuls. ☐ passent beaucoup de temps sur Skyrock. ☐ ne connaissent pas Skyrock. ☐
5. La deuxième fille évite de… __________ __________ __________	**6.** Quel est le problème du deuxième garçon sur le site de Skyrock ? __________ __________ __________

b D'après vous, faut-il tolérer tous les commentaires sur Internet ?

c Formulez des règles de bonne conduite *(gutes Benehmen)* sur Internet.

4 A propos de l'ordinateur

Vous connaissez déjà beaucoup de mots autour du thème de l'ordinateur.
Lisez les définitions suivantes et essayez de trouver les mots auxquels elles correspondent.

Exemple : Sur quoi faut-il cliquer quand on veut changer de page d'Internet ? Sur un lien

1. C'est un spécialiste de l'informatique. ______	**2.** Ce dont on a normalement besoin pour bouger sur l'écran. C'est aussi un animal. ______	**3.** C'est une lettre qu'on envoie par Internet. ______
4. Il vous en faut un pour pouvoir lire ou regarder sur votre ordinateur. ______	**5.** C'est une sorte de journal personnel sur Internet. ______	**6.** Où est-ce qu'on peut discuter sur Internet ? ______

5 Marc, accro à l'ordi

→ Pronoms objets § 11, p. 95

a Le texte suivant contient plusieurs répétitions et il est un peu lourd.
Essayez de le rendre plus élégant en remplaçant certains mots par des pronoms.

être accro *(Abk. von accroché)* süchtig sein
2 **être scotché,e** *(fam.)* vor dem Bildschirm hängen
17 **un réseau** Netzwerk
18 **tchatcher** *(fam.)* quatschen

Mme Chabrol n'est pas contente de son fils Marc : Marc est toujours scotché devant son ordi. Marc dit à sa mère que Marc surfe sur Internet parce que Marc trouve tout sur Internet pour faire ses devoirs. Mais Marc fait ses devoirs toujours très rapidement. On se demande : « Est-ce que Marc préfère les jeux vidéo à ses devoirs ? » Ses parents veulent que Marc sorte plus. Ses parents proposent à Marc d'accompagner ses parents au cinéma. Leur fils n'est pas d'accord avec ses parents. Ses parents prient Marc d'inviter ses copains à passer l'après-midi avec Marc. Mais Marc n'écoute pas ses parents. Marc préfère rester chez Marc.
Ses parents ne savent pas que Marc a trouvé une copine sur un réseau social. Sa copine habite en Finlande et Marc tchatche avec sa copine pendant des heures.

→ Stratégies 9, p. 72

b Vous êtes en 2025. Des éléments sur vous, mis sur le Web en 2010, refont surface *(wieder auftauchen)* et changent votre vie. Imaginez comment… Essayez de répondre aux questions suivantes en 150 mots.

Imaginez d'abord votre vie en 2010 ? Qu'êtes-vous devenu(e) en 2025 ? Et comment certains éléments mis en ligne en 2010 (informations, photos, commentaires…) par vous ou quelqu'un d'autre ont-ils eu un impact *(Auswirkung)* sur votre existence en 2025 ? Comment cela a-t-il changé votre vie ? Et en quoi avez-vous perdu le contrôle de votre image ? Que pensez-vous du rôle que joue ou qu'a joué Internet dans votre vie ?

B Mais il y a aussi la presse…

1 La presse en France

nationale	régionale	gratuite	hebdomadaire	jeunesse
– Le Monde – Le Figaro – Libération – Aujourd'hui en France	– La dépêche du Midi – Ouest-France – DNA	– 20 minutes – Métro	– Le Nouvel Observateur – L'Express – Le Point	– Okapi – Phosphore – Les clés de l'actualité

→ Stratégies 16, p. 80

Choisissez un journal de chaque rubrique et faites des recherches sur son tirage *(Auflage)*, son orientation politique et d'autres éléments qui vous intéressent sur Internet. Présentez les résultats à votre classe. Vous pouvez travailler en groupes.

2 Devenir journaliste

01

un,e conseiller,-ère d'orientation BerufsberaterIn

2 **houlà** *(interj.)* auweia

3 **s'accorder** sich einig werden

5 **révolté,e** aufmüpfig

6 **Accouche !** *(fam.)* Spuck's aus!

8 **agité,e** unruhig, aufgeregt

9 **en vouloir à qn** jdm etw. übel nehmen

9 **parcourir** durchreisen

10 **un stylo** Stift

10 **un carnet** Notizbuch

12 **être cloué,e** *(fam.)* wie gelähmt sein

Alex Dufaure est un élève en troisième au collège François Mauriac. Il doit passer une semaine de stage pour découvrir un métier et la vie d'une entreprise. La conseillère d'orientation lui propose de faire un stage dans la presse locale.

– J'ai consulté vos professeurs, monsieur Dufaure…
Houlà !
– Tous s'accordent à vous considérer comme un bon élève. Ils m'ont parlé de votre originalité, de votre caractère turbulent, de votre énergie, de votre esprit critique et de vos idées révoltées…
Bon. Accouche !
– Je pense que tout cela peut être interprété comme autant de qualités dans le monde de la presse et que votre tempérament agité pourrait faire de vous un excellent journaliste.
Je m'en suis voulu de ne pas avoir pensé à ça tout seul. Je m'imaginais bien parcourir la planète avec un stylo, un carnet et un appareil photo. Je me suis même dit qu'il ne devait rien y avoir de mieux.
Pour une fois qu'elle sortait une bonne idée, j'étais cloué, mais je ne le lui ai pas montré :
– Ouais… Pourquoi pas ?
En quittant son bureau, je me voyais déjà grand reporter.

Guillaume Guéraud, *Les chiens écrasés*, © Editions du Rouergue, 1999 (extrait).

→ Stratégies 2, p. 65

a Pourquoi la conseillère et les professeurs pensent-ils qu'Alex devrait devenir journaliste ? Quelle est leur image de cette profession ?

b Donnez votre avis sur le rôle d'un journaliste dans notre société *(Gesellschaft)*. Travaillez à deux.

→ Discours indirect § 3, p. 86

c Alex parle à sa mère de sa visite chez la conseillère.

La conseillère a dit / a demandé	**Elle m'a dit / m'a demandé**
1. Vous avez bien réfléchi à mes propositions ?	si j'avais bien réfléchi à ses propositions
2. Qu'est-ce que vous allez faire ?	___
3. J'ai une idée.	___
4. J'ai consulté vos professeurs.	___
5. Tous les professeurs vous considèrent comme un bon élève.	___
6. Ils ont parlé de votre originalité et de votre caractère turbulent.	___
7. Votre tempérament agité pourrait faire de vous un excellent journaliste.	___
8. Vous ferez le stage chez « La gazette ».	___
9. Vous êtes d'accord avec moi ?	___

2 **les revenus** *m.* Einkommen
2 **provenir de** stammen von
2 **les ventes** *f.* Absatz
4 **dépendant,e** abhängig
4 **baisser** sinken
4 **un annonceur** Werbebetreiber
4 **désormais** von jetzt an
5 **passer** *ici :* zeigen
5 **un support** *ici :* Träger
6 **une campagne d'affichage** Plakatwerbung
6 **récent,e** kürzlich
8 **touché,e** betroffen
8 **les recettes** *f.* Einnahmen
8 **en baisse** sinkend
9 **se diriger vers** sich auf etw. zubewegen
13 **se heurter à** stoßen auf
13 **un obstacle** Hindernis
14 **élevé,e** hoch
15 **adapter** anpassen
15 **un,e destinataire** EmpfängerIn
17 **composer** *ici :* (dar)stellen
19 **laisser présager** voraussehen lassen
19 **une aggravation** Verschlechterung

3 La presse en danger

02

La nouvelle concurrence

Un peu plus de la moitié des revenus d'un quotidien provient de ses ventes. L'autre moitié provient des pages vendues pour la publicité et les petites annonces. Les journaux en sont donc très dépendants. Or, ces revenus baissent aussi : les annonceurs ont désormais le choix pour passer leur publicité sur de multiples supports (télévisions, radios, journaux gratuits, Internet, campagne d'affichages, etc.). Et pendant les périodes récentes de crise économique, ils ont limité leurs budgets publicitaires. La presse quotidienne nationale est la plus touchée. Depuis trois ans, ses recettes publicitaires sont en baisse. Elle perd surtout les petites annonces (offres d'emploi, immobilier…) qui se dirigent vers Internet et les journaux gratuits.

Un avenir à défendre

Ce sont surtout les jeunes qui lisent de moins en moins la presse quotidienne. D'après une étude réalisée en 2004, la lecture des jeunes se heurte à trois obstacles : le prix trop élevé des quotidiens nationaux, leur distribution dans des lieux qu'ils ne fréquentent pas, le contenu qui n'est pas adapté à leur attente. Les destinataires des journaux sont donc différents. En effet, les 15-24 ans s'informent essentiellement par la télévision, par Internet et par les journaux gratuits. Ils composent un tiers du lectorat du gratuit « 20 minutes ». Ainsi les lecteurs de la presse quotidienne payante ont donc tendance à vieillir, alors que ceux de la presse gratuite sont jeunes. Ce constat laisse présager une aggravation future de la situation des quotidiens. Or, la presse d'information est pourtant le meilleur support pour les débats d'idées, et de son avenir dépend aussi celui de la démocratie.

Elisabeth Combres, Sophie Lamoureux, Florence Thinard, *Les clés de l'info,* (extrait).

→ Stratégies 1, p. 64

Lisez le texte, puis répondez aux questions en cochant la bonne réponse.

1. D'où viennent les revenus d'un journal ?
- ☐ De ses ventes.
- ☐ Des petites annonces et de la publicité.
- ☐ De ses ventes, des petites annonces et de la publicité.

2. Quelle est la situation entre les annonceurs et la presse aujourd'hui ?
- ☐ Les annonceurs préfèrent la publicité dans les quotidiens nationaux.
- ☐ On passe aujourd'hui de la publicité dans les différents médias.
- ☐ Il n'y a plus de publicité dans les journaux.

3. Quel est le problème aujourd'hui de la presse quotidienne nationale ?
- ☐ Les journaux ne veulent plus passer d'annonces.
- ☐ Les lecteurs préfèrent passer des annonces gratuites, sur Internet par exemple.
- ☐ Il y a une augmentation du prix des petites annonces.

4. Qu'est-ce que lisent les jeunes lecteurs ?
- ☐ Les jeunes lecteurs lisent la presse quotidienne payante.
- ☐ Les jeunes préfèrent la télévision, Internet et les journaux gratuits.
- ☐ Un tiers des 15-24 ans lisent la presse gratuite.

5. Quelle est la conclusion de ce texte ?
- ☐ La presse quotidienne payante a un meilleur avenir que la presse gratuite.
- ☐ L'avenir de notre démocratie a besoin de la presse quotidienne payante.
- ☐ L'avenir de la presse dépend de la démocratie.

C ... la radio...

1 Les stations de radio en France

En France, il existe cinq radios généralistes, quelques radios spécialisées, une dizaine de radios commerciales, musicales et associatives et environ six cents radios locales !

Françoise de Guibert, Rémi Saillard, Sylvaine Inizan, *Comment ça va ? Les médias*, © Bayard Jeunesse, 2008 (extrait).

www

Faites des recherches sur ces radios. Puis mettez-les dans la grille suivante selon leurs types de programmes. Décrivez en quelques mots leurs programmes. Elles s'adressent à *(wenden sich an)* quels auditeurs *(Zuhörer)* ? Dites aussi si elles sont publiques ou commerciales, nationales ou locales. Vous pouvez travailler en groupes.

Radios généralistes	Radios spécialisées
Les radios :	Les radios :
Leur programme / Leur public :	Leur programme / Leur public :

Radios associatives	Radios musicales
Les radios :	Les radios :
Leur programme / Leur public :	Leur programme / Leur public :

2 Et la radio en Allemagne ?

→ Stratégies 15, p. 79

Mario fait un stage chez France Info. Il explique à un journaliste qui ne parle pas allemand la situation de la radio en Allemagne en résumant en français le texte suivant.

Media-Analyse 2009 Radio I: Mehr Jugendliche schalten täglich das Radio ein

Berlin (ots) – Die heute veröffentlichten Reichweitenergebnisse der Media-Analyse (ma) 2009 Radio I zeigen trotz zunehmender Medienvielfalt steigende Nutzungsdaten für Radio in Deutschland. Rund 55 Millionen schalten täglich ihr Radio ein (78,6 % Tagesreichweite ab zehn Jahren). Vor einem halben Jahr waren das noch 78,1 Prozent (ma 2008 Radio II). Am stärksten nutzen weiterhin die 30–59jährigen (83,4 %) und die Berufstätigen (82,5 %) Radio. Häufiger als bisher sind die Jungen zwischen 10 und 29 Jahren dabei (Plus von 0,7 % auf 69,4 %). Vor allem die 10–19jährigen (+ 1,7 %) und die Auszubildenden schalten häufiger das Radio ein (+ 2,2 %). Lutz Kuckuck, Geschäftsführer der Radiozentrale: „Das ist ein erfreuliches Ergebnis! Die Reichweitengewinne zeigen, dass Radio hoch akzeptiert bleibt, und die Radiomacher sich im Wettstreit aller in der digitalen Welt gut aufgestellt haben."

D ... et la télévision ?

1 Les parts d'audience des chaînes de télévision françaises et allemandes

TF1	France 2	France 3	M6	France 5	France 4	Canal +	arte	autres TV
privée	publique	publique	privée	publique	publique	privée	publique	privées
26,1 %	16,7 %	11,8 %	10,8 %	3,1 %	1,1 %	3,1 %	1,7 %	25,6 %

Médiamat annuel 2009, © Médiamétrie France, 2010.

Marktanteil der AGF-Sender im Tagesdurchschnitt 2009
Zuschauer ab 3 Jahre, Montag-Sonntag, 03:00–03:00 Uhr / TV Gesamt: 212 Minuten

ARD	ZDF	ARD 3 régional	RTL	SAT 1	PRO 7	RTL 2	arte	autres TV
publique	publique	publique	privée	privée	privée	privée	publique	privées
12,7 %	12,5 %	13,5 %	12,5 %	10,4 %	6,6 %	3,9 %	0,7 %	27,2 %

AGF/GfK Fernsehforschung, TV Scope, Fernsehpanel D + EU © Arbeitsgemeinschaft Fernsehforschung (AGF), 2010.

une part d'audience Einschaltquote
une chaîne Sender
public,-que *ici :* öffentlich-rechtlich

a Comparez les parts d'audience des chaînes de télévision en France et en Allemagne.

b Quelle est votre chaîne préférée ? Dites pourquoi.

c Quelles émissions *(Sendung)* aimez-vous surtout ?

la grand-messe *Hauptgottesdienst in der katholischen Kirche*
1 **attirer** anziehen
3 **réuni,e** *ici :* zusammen genommen

2 La grand-messe du journal télévisé

Le journal télévisé (le JT) attire sept fois plus de public que les quotidiens nationaux et les radios réunis. 23 millions de Français regardent le journal tous les soirs, et 14 millions le regardent le midi. C'est la chaîne TF1 qui a la plus forte audience avec 9 millions de personnes pour le 20 heures.

→ Stratégies 5, p. 68

a Regardez le dessin, puis décrivez-le.

b Lisez le texte et dites pourquoi est-ce qu'on compare le JT avec une grand-messe en France.

3 Vous aimez tous la télévision… en couleur !

03

Avant de lire le texte suivant, faites des recherches sur les deux expressions « la France black-blanc-beur » et « les minorités visibles ».

1 **légèrement** leicht
1 **améliorer** verbessern
3 **le petit écran** das Fernsehen
5 **la diversité** *ici :* (ethnische und kulturelle) Vielfalt
8 **une augmentation** Steigerung
9 **indiscutable** unbestreitbar
14 **désespérément** hoffnungslos
15 **pâle** bleich
22 **chargé,e** beauftragt
24 **le dossier éclate** das Thema wird heiß
27 **volontairement** freiwillig
30 **la lutte** Kampf
31 **évoluer** sich entwickeln
34 **prouver** beweisen
37 **passer à l'acte** zur Tat schreiten

La télé a légèrement amélioré la représentation de la France dite black-blanc-beur. Pas à pas, la France du petit écran se rapproche de la « vraie » France. Mais la diversité progresse encore trop lentement. En neuf ans, la représentation des minorités visibles à la télévision n'a connu une augmentation que de 1 %. (…) Il existe un retard indiscutable entre la France et les pays anglo-saxons (Etats-Unis, Royaume-Uni et Canada). Et c'est un problème ! Car aujourd'hui les jeunes ont du mal à se reconnaître dans cette télévision désespérément trop pâle ! (…)

L'effet Harry Roselmack

C'est un peu le 17 juillet 2006 que tout a commencé… Ce soir-là, sur TF1, c'est le journaliste d'origine antillaise Harry Roselmack qui présente le 20H, le JT le plus regardé d'Europe. C'est la première fois en France qu'une personne noire est chargée d'un journal aussi médiatisé. (…) Et c'est depuis cette date que le « dossier » des minorités visibles à la télévision a réellement éclaté. Les chaînes placent aujourd'hui volontairement des journalistes blacks ou beurs à la tête de leurs émissions. (…) Aujourd'hui, Harry est devenu le symbole de la lutte contre la discrimination ! (…) Les temps changent, les mentalités évoluent. Harry Roselmack déclarait le 14 janvier 2009 : « Ma couleur de peau intéresse moins aujourd'hui » ! Le public a prouvé qu'il était prêt à voir sa télé prendre des couleurs… Alors qu'attendent les chaînes pour passer à l'acte ?

Chloé Breen, 17. 02. 2009 © Purepeople, Paris (extrait abrégé).

a Est-ce que vous regardez le journal télévisé en Allemagne ? Si oui, lequel et pourquoi ?

→ Stratégies 1, p. 64

b Pourquoi est-ce que le 17 juillet 2006 est devenu une date symbolique dans l'histoire de la télévision française ?

c Expliquez le titre de l'article « Vous aimez tous la télévision… en couleur ! ».

→ Stratégies 10, p. 73

d Quelle est la situation en Allemagne ? Pensez-vous qu'il faudrait des quotas pour les minorités *(Quotenregelungen für Minderheiten)* à la télévision ? Discutez-en en groupes.

2

la réconciliation Paris-Berlin le Traité de l'Elysée les clichés typiques le Festival de Cannes apprendre à se connaître franco-allemand Et l'amour dans tout ça ? l'Office franco-allemand pour la Jeunesse

Que représentent ces photos ?
Comparez les deux photos de gauche.

France-Allemagne : une nouvelle histoire

A L'histoire continue...

2

1 Les mots de la guerre

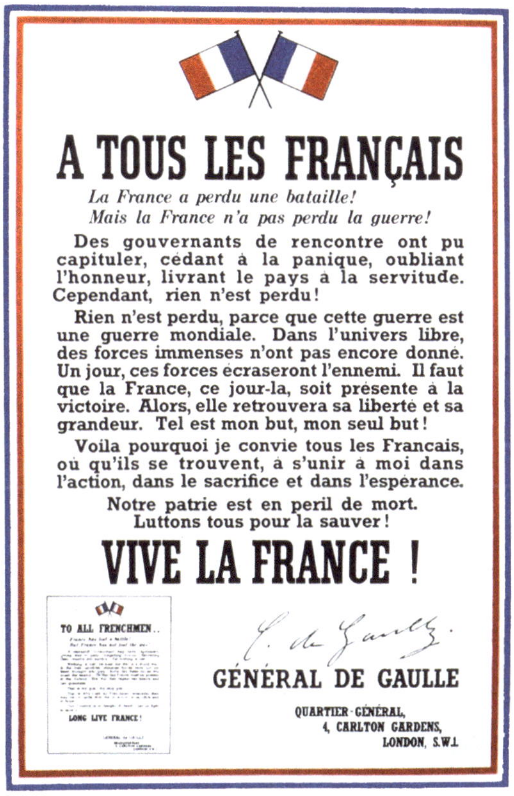

______________________ ______________________

______________________ ______________________ ______________________

a Regardez les illustrations, puis la liste des mots ci-dessous *(unten)* sur le thème de la Seconde Guerre mondiale. Faites des recherches sur ces mots sur Internet, puis associez-les à leurs définitions.

1. la capitulation	**a)** C'est un mouvement qui appelle les Français à se battre.
2. la résistance	**b)** C'est l'annonce par l'armée allemande de la fin de la guerre.
3. l'occupation	**c)** C'est l'époque où l'armée allemande était en France.
4. le débarquement	**d)** Ce sont les Alsaciens qui ont dû se battre contre la France.
5. les malgré-nous	**e)** C'est l'arrivée des Alliés en France.

b Ecrivez maintenant sous chaque illustration le mot de la liste que vous leur associez.

→ Stratégies 9, p. 72; 15, p. 79

c Un ami français est en train de lire un article sur la Seconde Guerre mondiale en allemand. Il ne comprend pas les mots suivants. Formulez les définitions en français de ces mots.

die Teilung ______________________

die Weisse Rose ______________________

die Vertreibung ______________________

die Verfolgung ______________________

2 Vers une amitié franco-allemande

04

4 **le fondement** Grundlage
7 **en termes de** in Bezug auf
12 **un accord** Vertrag
13 **notamment** besonders
14 **être chargé,e de qc** mit etw. betraut sein
17 **renforcer** verstärken
18 **nombreux,-euse** zahlreich
19 **un moteur** Antrieb

Le Traité de coopération, ou Traité de l'Elysée, a été signé en 1963 par le Général de Gaulle et Konrad Adenauer. Ce traité va être le fondement d'une coopération franco-allemande unique. Son objectif est d'harmoniser les relations entre les deux pays 18 ans après la guerre en termes de politique étrangère, de sécurité, de formation et de jeunesse. Des rencontres régulières sont organisées par les gouvernements et les administrations, on organise aussi des échanges entre les personnes. Cet accord permet notamment de créer l'Office franco-allemand pour la Jeunesse. L'Ofaj sera chargé de développer les relations entre la jeunesse française et allemande. L'amitié entre les deux pays va être ainsi renforcée par de nombreuses coopérations. Mais plus encore, cette réconciliation deviendra le moteur de la nouvelle Europe.

→ Stratégies 5, p. 68

a Regardez le timbre *(Briefmarke)* dessiné par le dessinateur alsacien Tomi Ungerer. Décrivez-le.

b Que symbolise cette illustration et qu'a voulu transmettre Tomi Ungerer comme message ?

c Pour en savoir plus sur le Traité de l'Elysée, lisez maintenant le texte. Dites pourquoi ce traité est si important dans l'histoire franco-allemande. Puis soulignez les mots sur le thème de l'amitié.

→ Passif § 4, p. 86

d Le texte contient quatre formes passives. Trouvez-les, puis mettez-les à la forme active.

forme passive	forme active
1. ______	______
2. ______	______
3. ______	______
4. ______	______

3 Aujourd'hui...

→ Stratégies 5, p. 68

a Regardez la caricature de ces deux rappeurs et décrivez-la.

b Peut-on reconnaître ici les clichés typiques des Français et des Allemands ? Formulez le message du dessinateur.

→ Stratégies 16, p. 80

c Est-ce que les Allemands et les Français ont un mode de vie différent aujourd'hui ? Est-ce que tous les Européens se ressemblent ? Donnez votre avis sur l'idée de la globalisation culturelle. Préparez un court exposé et présentez-le en classe.

4 et demain ?

le suffrage universel allgemeines Wahlrecht
voter wählen
hésiter zögern
envisageable denkbar
Ne se prononce pas keine Antwort

Sondage

Aux Français : Si un président de l'Union Européenne était un jour élu au suffrage universel, pourriez-vous voter pour un candidat de nationalité allemande ?

Aux Allemands : Si un président de l'Union Européenne était un jour élu au suffrage universel, pourriez-vous voter pour un candidat de nationalité française ?

	Français	Allemands	Votre classe
Cela ne me poserait vraiment aucun problème	45 %	49 %	
J'hésiterais mais cela serait envisageable	39 %	40 %	
Je ne voterais pas pour un candidat français/allemand	14 %	11 %	
Ne se prononce pas	2 %	–	
	100 %	**100 %**	**100 %**

→ Stratégies 7, p. 70

a Lisez le sondage et comparez les résultats entre Français et Allemands.

b En regardant à nouveau le dessin des deux rappeurs, que peut-on dire de ce sondage ?

c Que répondriez-vous aujourd'hui ? Faites le même sondage en classe. Visualisez vos résultats et comparez-les avec le sondage Ipsos publié en 2003. Discutez-en en classe.

2

B L'histoire d'une rencontre

1 Les regards se croisent…

Quand vous pensez à la France, à quoi pensez-vous ? Faites un petit sondage en classe en rassemblant tous les mots qui vous viennent à l'esprit *(einfallen)*. Imaginez ensuite les mots que des jeunes Français pourraient associer à l'Allemagne. Faites une liste.

2 Vive les voyages scolaires !

→ Stratégies 11, p. 74

a Comme chaque année des milliers de jeunes Français et Allemands, Laura et Ludo sont en voyage scolaire. Racontez en 150 mots l'histoire de cette planche de BD, puis commentez-la.

b Les dialogues sont écrits en partie en français familier. Même si vous ne connaissez pas tous les mots, retranscrivez le dialogue en français standard en regardant les images.

un,e pro *(Abk. von professionnel)* Profi

7 **un,e critique** KrikiterIn

7 **décerner** verleihen

9 **visionner** ansehen

11 **rédiger** schreiben

13 **une critique** *ici :* Filmkritik

3 Comme des pros

02

Qui n'a pas rêvé de participer à un festival de cinéma et de rencontrer des stars ? Ce rêve peut devenir réalité pour des lycéens grâce à l'Office franco-allemand de la Jeunesse. Comme chaque année, 32 élèves français et allemands entre 15 et 18 ans deviennent critiques de cinéma et décernent le « Prix de la (Toute) Jeune Critique » au meilleur film. Ces lycéens visionnent les films en compétition, rencontrent des réalisateurs et des acteurs, puis discutent ensemble. Ils rédigent ensuite en groupes des critiques en français et en allemand. Les auteurs des meilleures critiques sont ensuite invités à la Berlinale.

→ Stratégies 8, p. 71

a A 17 ans, Olga a été membre du jury du « Prix de la (Toute) Jeune Critique » au Festival de Cannes en 2009. Ecoutez son interview et cochez les bonnes réponses.

1. Est-ce qu'Olga a toujours rêvé de devenir membre d'un jury de festival ?
- Oui, elle a toujours rêvé de participer à un festival de cinéma. ☐
- Non, c'était un peu le hasard. ☐
- Non, mais elle avait entendu parler du Prix à Erfurt. ☐

2. Quel était son rôle en tant que membre de jury pendant ces dix jours ?
- Regarder un film tous les matins, puis écrire une critique à 1 h 30. ☐
- Regarder tous les jours un film à 1 h 30 et écrire une critique. ☐
- Regarder les films, rencontrer les équipes des films et écrire une critique. ☐

3. Comment s'est passé l'échange entre lycéens allemands et français ?
- Ils étaient très proches avant le festival. ☐
- L'échange était très intéressant, mais surtout entre Français. ☐
- C'était sympa parce qu'il y avait 2 Allemands et 2 Français par chambre. ☐

4. Que va faire Olga à la Berlinale ?
- Olga a été invitée parce qu'elle a gagné le Prix de la meilleure critique. ☐
- Elle va être membre du jury de la Berlinale. ☐
- Elle va donner un prix au meilleur film de la Berlinale. ☐

5. Olga a vécu un moment inoubliable :
- Elle a été invitée à une soirée avec beaucoup de célébrités. ☐
- Le concert d'un groupe danois qu'elle a vu avec ses camarades de chambre. ☐
- Une soirée sur la plage mais sous la pluie. ☐

6. Olga voit aujourd'hui les films différemment…
- et rêve de travailler pour le Festival de Cannes. ☐
- et veut absolument travailler dans le monde du cinéma. ☐
- et aimerait devenir journaliste. ☐

→ Stratégies 13, p. 77

WWW

b Vous rêvez aussi de devenir membre du jury d'un grand festival de cinéma ? Alors, consultez le site de la (Toute) Jeune Critique sur Internet et rédigez une lettre de candidature.

→ Stratégies 9, p. 72

c Quel est le dernier film que vous ayez vu ou aimé ? Choisissez un film et écrivez une critique en 150 mots, puis présentez-la en classe.

C Et les histoires d'amour ?

1 Les amours de guerre

05

1 **lorsque** als, wenn
1 **envahir un pays** in ein Land einmarschieren
2 **tandis que** während
2 **l'occupation** Besatzung
5 **une centaine** etwa hundert
7 **croiser** kreuzen
9 **de part et d'autre** beiderseits
11 **un vainqueur** Sieger
11 **courtois,e** taktvoll
12 **céder** nachgeben
16 **voire** sogar
17 **épargner** ersparen
22 **la tonte publique** öffentliches Scheren
24 **enceinte** schwanger

Tout commence en juin 1940, lorsque l'armée allemande envahit la France. Tandis que les troupes d'occupation s'installent dans les villes et les campagnes (entre 400 000 et 1 million d'hommes), 1,6 million de Français sont transférés comme prisonniers de guerre dans le Reich. Ils seront bientôt suivis par des centaines de milliers de travailleurs forcés ou volontaires.

Echanges croisés

Ce gigantesque échange croisé va influencer considérablement la vie des habitants de part et d'autre du Rhin, jusque dans leur intimité. Des Françaises se laissent séduire par de beaux et jeunes vainqueurs aux yeux bleus, qui se montrent courtois. Les Allemandes, de leur côté, cèdent à la galanterie de prisonniers et travailleurs français.

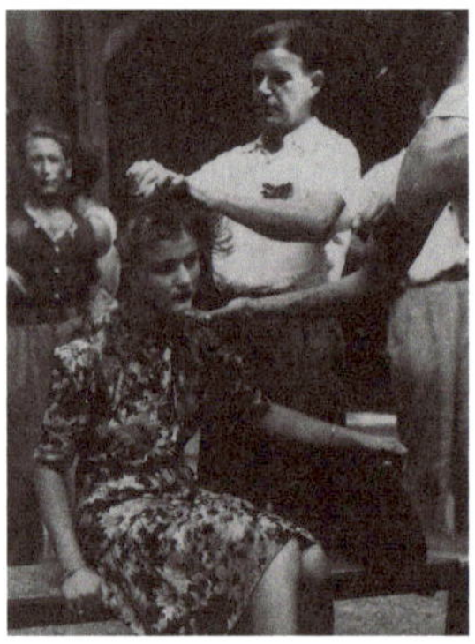

Relations risquées

Dans le Reich, les prisonniers français risquent plusieurs années d'emprisonnement, voire la mort, en cas de relation avec une Allemande. Leurs maîtresses ne sont pas épargnées : elle peuvent subir la tonte publique pour crime contre la race allemande, et même être envoyées en camp de concentration pour un an. Une relation aussi dangereuse en France occupée, puisque les Françaises risquent jusqu'à trois ans de prison et la tonte publique pour « collaboration horizontale » à la Libération. Le pire, pour elles, c'est toutefois de se retrouver enceintes.

« *La triste histoire des enfants ennemis* » de Pascal Fleury, www.laliberte.ch, 04.09.2009 © *La Liberté*, Suisse (texte abrégé).

→ Stratégies 2, p. 65

a A partir de l'allemand et de l'anglais, complétez le tableau avec les mots du texte.

D	F	GB	F
gigantisch	______	volunteer	______
zwingen	______	a troop	______
eine Rasse	______	to seduce	______
ein Verbrechen	______	a prisoner	______
die Intimität	______	to influence	______
verlegen	______	imprisonment	______
riskant	______	a mistress	______

→ Stratégies 1, p. 64

b Lisez le texte et dites quelles sont ses « amours de guerre » dont parle l'auteur.

c Regardez la deuxième photo. Que s'est-il passé d'après vous ?
Pourquoi des hommes sont-ils en train de tondre *(scheren)* une femme sur la photo ?

d Quel est le prix de cet amour franco-allemand ? Et pourquoi à votre avis le pire pour ses femmes était de se retrouver enceinte ?

2 Les enfants de la honte

06

Le 5 août 2009 a été une date symbolique pour les milliers d'enfants nés de couples franco-allemands pendant la Seconde Guerre mondiale. En effet, l'Allemagne a reconnu pour la première fois un enfant de la guerre en lui offrant la nationalité allemande. Après des années de combat, Daniel Rouxel a ainsi obtenu réparation. Comme lui, ils ont plus de 100 000 enfants à être nés en France de soldats allemands ou en Allemagne de prisonniers ou travailleurs volontaires français. Ces enfants « nés ennemis » ont vécu très difficilement cette situation et ont dû garder pendant longtemps leur secret de famille. Voici trois témoignages de ces « enfants de la honte ».

3 **remplacer** ersetzen
14 **véritable** echt
21 **insister** *ici :* nachbohren
25 **puisque** da
26 **rejoindre** treffen
26 **épouser** heiraten
28 **un,e boche** *abwertende Bezeichnung der Franzosen für die Deutschen*
30 **insulter** beschimpfen
30 **bousculer** schubsen
30 **menacer** bedrohen
31 **un,e commerçant,e** Kaufman/Kauffrau
31 **cracher** spucken
32 **une pute** *(fam.)* Hure

Ma mère voulait m'appeler Johan. Comme c'était un prénom allemand, il a été refusé. On lui a proposé de le remplacer par celui de Jehan. Peu de temps avant la Libération, mon père est reparti en disant à ma mère qu'il reviendrait quand tout serait terminé. Après avoir attendu son retour pendant 12 ans, maman s'est remariée en 1955.
Maman connaissait le nom et le prénom de sa femme. Elle savait qu'ils avaient deux enfants, un garçon et une fille qui devaient avoir en 1968, l'année de mes premières recherches, entre 30 et 35 ans.

Jehan, né le 5 janvier 1943

C'est pendant la récréation que le ciel m'est tombé sur la tête, quand ma meilleure amie m'a dit que mon véritable père était un « allemand » et non pas celui que depuis toujours j'appelais Papa. J'avais 8 ou 9 ans et j'étais sûre que les parents ne mentaient jamais alors je ne voulais pas croire ce qu'elle me disait. Pourtant en rentrant à la maison, j'ai demandé à mes parents en pleurant si c'était vrai. « T'occupe pas de ça ! », m'ont-ils dit. Pour moi ce n'était pas une réponse mais je n'ai pas insisté. Pendant des années, je n'ai rien dit à personne, j'avais peur qu'en apprenant que mon père était allemand, plus personne ne m'aime.

Monique, née le 5 octobre 1946

J'ai eu le bonheur, et le malheur aussi, de connaître mon père, puisqu'à son retour de prison de guerre en Amérique, il est venu rejoindre ma mère, l'épouser et m'élever. Mais toute mon enfance, j'ai aussi été « la petite Boche » avec qui les fillettes de ma rue, à Orsay, ne jouaient pas car « on n'a pas le droit, t'es une petite boche ». Mon père était insulté, bousculé, menacé dans la rue ou chez les commerçants, les hommes crachaient sur ma mère en ma présence en l'appelant « pute à boches ».

Josiane, née le 5 mai 1945

→ Stratégies 1, p. 64

a Lisez l'introduction et expliquez qui sont ces « enfants de la honte ».

b Quelles sont les différences dans les histoires de ces trois enfants ? Faites pour chacun d'eux un court portrait.

c Soulignez dans les témoignages les phrases qui montrent que les enfants nés pendant la guerre de parents franco-allemands étaient des « enfants de la honte ».

d Relisez l'introduction. A votre avis, pourquoi est-ce qu'obtenir la nationalité allemande était pour Daniel Rouxel une « réparation » *(Entschädigung)* ?

03

3 Souvenirs d'Allemagne

3 **une dent** Zahn
4 **une avalanche** Lawine
8 **une plaine** Ebene
16 **pareil,le** gleich

Je l'ai rencontrée en buvant un ____________ ,
Dans un petit café de la ville de Nanterre.
Elle riait en parlant de ses belles dents ____________ ,
Elle lisait en riant des mots en avalanche.

Refrain :
Souvenirs d'Allemagne, forêts noires et villes ____________ .
En chantant « Ich liebe dich », je revois ton image.
Un dimanche à la ____________ , forêts noires et plaines grises.
Tu disais « Verlass mich nicht », il pleuvait sur ton ____________ .

Elle venait de Mayence et en quittant l'Allemagne,
Elle rêvait de ____________ en Provence ou Bretagne.
« Mais je n'ai plus de fric », dit-elle en me regardant,
Je vis en faisant du pique-nique sous le pont de Nogent.

Refrain

En venant à Paris, je cherchais le ____________ ,
Mais ici tout est ____________ , ici là-bas, c'est pareil.
En entendant ces mots, j'ai revu Göttingen,
Le vin blanc de Landau et la tour de Bingen.

Refrain

Alors je lui ai dit en finissant mon verre,
Que l'Allemagne, c'est joli en automne en ____________ .
En sortant du café de la ville de ____________ ,
Elle m'a dit : « Je te reverrai en Allemagne cet hiver. »

Paroles et musique : Gilles Floret, *Souvenirs d'Allemagne*, © Ernst Klett Verlag, 1999.

a Lisez les paroles de cette chanson d'amour entre un Français et une Allemande et essayez de les compléter avec les rimes qui manquent. Vérifiez ensuite en écoutant la chanson.

→ Gérondif § 6, p. 88

b La chanson contient de nombreux gérondifs. Mettez ces phrases dans une autre forme.

1. Elle lisait en riant des mots en avalanche. ______________________

2. En chantant « Ich liebe dich », je revois ton image. ______________________

3. « Mais je n'ai plus de fric », dit-elle en me regardant. ______________________

4. Je vis en faisant du pique-nique sous le pont de Nogent. ______________________

5. En entendant ces mots, j'ai revu Göttingen. ______________________

6. Alors je lui ai dit en finissant mon verre que l'Allemagne, c'est joli. ______________________

4 Les vrais couples franco-allemands

2 **réconcilier** versöhnen
7 **un effet secondaire** *ici :* Begleiterscheinung
10 **un mariage** *ici :* Ehe

binational,e *mit 2 Staatsangehörigkeiten*
un,e conjoint,e LebenspartnerIn

Si le Traité de l'Elysée de 1963 a permis de réconcilier la France et l'Allemagne, il a surtout permis à plus de sept millions de jeunes Français et Allemands d'apprendre à se connaître grâce aux jumelages et aux échanges organisés par l'Office franco-allemand pour la Jeunesse. Un effet secondaire de ces échanges et un symbole fort de l'intégration européenne est le nombre de couples et de mariages franco-allemands. Chaque année, il y a entre 1500 et 2000 mariages franco-allemands. Et c'est peut-être eux les vrais couples franco-allemands.

Nombre de mariages binationaux en 2008

nationalité du conjoint	Allemands	Français
Allemand	–	762
Français	816	–
Autrichien	1544	48
Belge	204	895
Britannique	1045	848
Italien	1854	791
Espagnol	839	604
Algérien	122	5100
Néerlandais	1008	231
Turc	5668	830
Polonais	4205	438
ex-Yougoslave	2830	49

Statistiques établies à partir des données de la *Statistisches Bundesamt* et de l'Ined, 2009.

→ Stratégies 1, p. 64

a Lisez le texte et dites ce que signifie le titre. A quoi cela vous fait-il penser ?

→ Stratégies 7, p. 70

b Regardez le tableau sur quelques exemples de mariages binationaux en France et en Allemagne. Combien y a-t-il eu de mariages franco-allemands en 2008 et qu'est-ce qu'on constate quand on compare les autres chiffres ?

→ Stratégies 9, p. 72

c En Allemagne, les mariages binationaux ont doublé *(verdoppeln)* entre 1996 et 2008. En 2009, 7% des mariages sont binationaux en Allemagne, 13,4% en France. Que peut-on interpréter ? A votre avis, comment peut-on expliquer ce nouveau phénomène ? Discutez-en en classe.

3

la communauté des gens du voyage
La difficulté d'être différent L'habit ne fait pas le moine
Ah l'Afrique, terre des plus beaux animaux sauvages, berceau de l'humanité
Les Restos du Coeur offrent 8000 repas par jour Charlène en mission humanitaire

Que représente cette photo ?
Qu'est-ce qu'elle vous inspire ?

Vivre et agir ensemble

A Etre différent...

1 L'habit ne fait pas le moine.

Rama Yade

Guy Gilbert

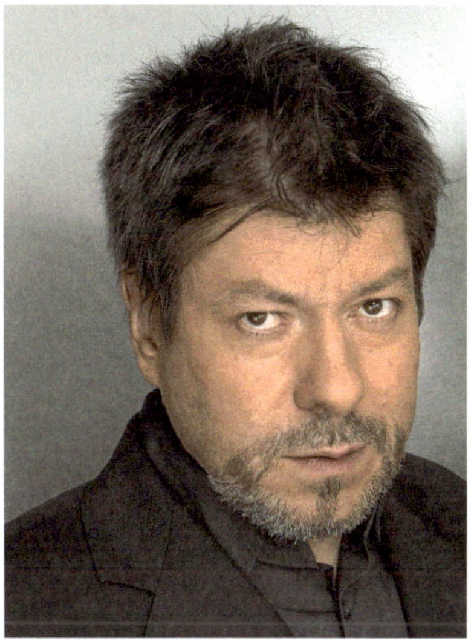
Régis Laspalès

a Quand on vous parle de différence, qu'est-ce qui vous vient à l'esprit *(einfallen)* ? Notez tous les mots que vous associez à la différence. Faites un filet à mots autour de ce thème.

→ Stratégies 6, p. 69 WWW **b** Regardez les portraits de ces trois personnes, imaginez ce qu'elles font dans la vie. Faites ensuite des recherches sur elles et rédigez leurs courts portraits.

c A votre avis, que signifie le proverbe « L'habit *(Kleid)* ne fait pas le moine *(Mönch)* » ? A quoi jugez-vous *(beurteilen)* une personne quand vous la rencontrez pour la première fois ?

2 Sur la difficulté d'être différent

→ Stratégies 5, p. 68 **a** Regardez bien ce dessin, puis décrivez-le. Expliquez quel est le message de son auteur sur la vie des personnes handicapées *(Behinderte)* dans notre société.

→ Stratégies 9, p. 72 **b** A votre avis, pourquoi être différent est souvent synonyme de difficultés *(Schwierigkeiten)* dans nos sociétés ? Discutez-en en classe.

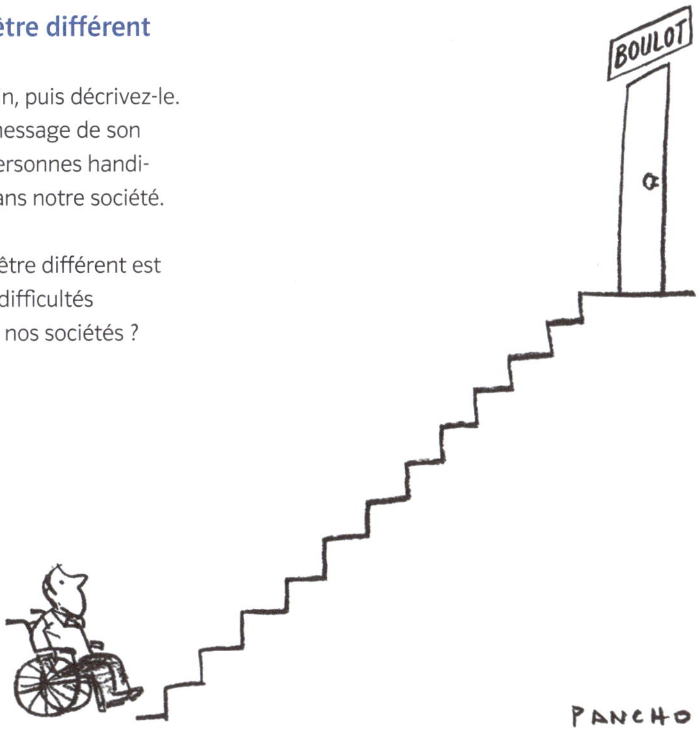

3

se différencier sich unterscheiden

rentrer dans le moule sich anpassen

la société Gesellschaft

3 Sondage

Les gens qui ne ressemblent pas aux autres sont régulièrement discriminés

C'est positif de chercher à se différencier des autres

Il faut rentrer dans le moule pour pouvoir se faire une place dans la société

Etre différent est une chance

Il peut être dangereux d'être différent des autres

Les gens différents créent des problèmes à la société

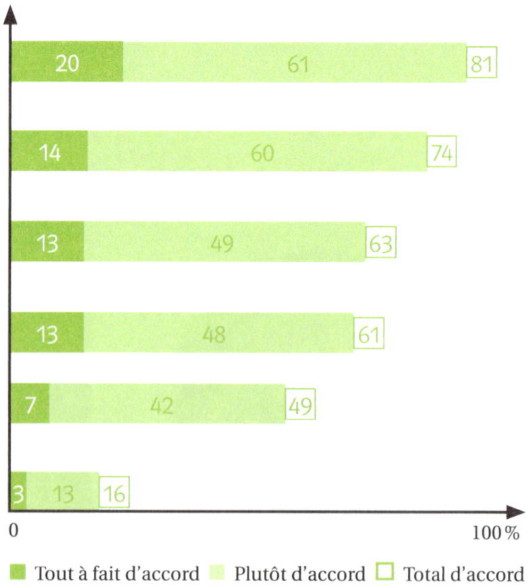

→ Stratégies 7, p. 70

a Regardez le sondage sur la façon dont les adolescents français ressentent *(empfinden)* la différence. Que pouvez-vous analyser ?

b En quoi « être différent peut être une chance » ou pensez-vous qu'il faut « rentrer dans le moule » pour pouvoir se faire une place dans la société ? Mettez en rapport *(in Zusammenhang bringen)* le dessin de la page 27 et donnez votre point de vue.

c Faites le même sondage en classe et comparez vos chiffres avec les chiffres du sondage plus haut. Discutez-en.

4 Les gens du voyage

→ Conditionnel § 8 - 9, pp. 91 - 92

les gens du voyage *m.* Zigeuner

1 **une caravane** Wohnwagen

2 **appartenir** gehören

3 **un,e forain,e** SchaustellerIn

6 **un paysan** *(fam.)* *ici : Wort für Nicht-Zigeuner*

9 **les cours par correspondance** Fernunterricht

Sabrina fait partie des gens du voyage. Voici son témoignage sur sa vie. Complétez le texte avec les verbes manquants au conditionnel.

Je m'appelle Sabrina et j'ai 16 ans. Je vis en ce moment près de Nîmes dans une caravane. Pourquoi une caravane ? Parce que ma famille appartient aux « gens du voyage ». Si mes parents n'avaient pas été forains, nous ____________ (vivre) dans une maison. Vous savez, tous les gens du voyage ne vivent pas dans une caravane… Mais si ma famille ____________ (devoir) vivre un jour dans un appartement, ce serait pire qu'une prison pour moi. En effet, si nous vivions comme les « paysans », nous ____________ (aller) à l'école comme tous les jeunes de notre âge, et ça, ce ____________ (être) trop dur. Vous ne vous rendez pas compte ! Si vous ____________ (vivre) comme moi, vous ____________ (être) plus libres, vous ____________ (prendre) des cours par correspondance et vous ne devriez pas vous lever tous les matins pour aller à l'école ! Moi, même si on m'offrait 1 million d'euros, je ____________ (ne jamais aller) vivre en appartement, sauf s'il se passait quelque chose de tragique. Par exemple, ma petite sœur est tombée gravement malade cet été. Si elle ____________ (ne pas aller) mieux, nous aurions changé notre mode de vie et ma famille ____________ (aller) habiter dans une maison. Mais même si demain je ____________ (tomber) follement amoureuse d'un « paysan », jamais je ne quitterais ma communauté.

04

5 J'suis blanc !

a Ecoutez la chanson de Kamini. Comment définissez-vous ce type de musique ?

b Lisez le titre, puis le refrain. D'après vous, quelle est l'idée centrale de cette chanson ?

1 **démarrer** *ici :* anfangen
2 **pour l'instant** bisher
4 **se dégager** sich aufheitern
2 **un changement** Veränderung
5 **être dans la mouise** *(fam.)* in der Scheiße stecken
6 **le seigneur** Herr
8 **un blanc** *ici :* Lücke
11 **se mettre à qc** anfangen etw. zu tun
12 **l'épiderme** Epidermis
13 **faire gaffe** *(fam.)* beachten
14 **une louloute** *(fam.)* Pimmel
15 **franchement** ehrlich
18 **le logement** Unterkunft
21 **poursuivre** verfolgen
21 **esquiver** aus dem Weg gehen
22 **j'te jure** *(fam.)* ich schwör's
23 **supplier** anflehen
27 **une boîte** Disko
28 **refouler** abweisen
29 **la bouffe** *(fam.)* Essen
30 **cuit,e** gekocht
31 **déconner** *(fam.)* Mist reden
33 **une blague** Witz
34 **un,e imbécile** Blödmann
38 **pareil,le** gleich
38 **choper** *(fam.)* kriegen
38 **un coup de soleil** Sonnenbrand
39 **un vigile** *Mitarbeiter des Sicherheitsdienstes*
39 **guetter** belauern

C'était pourtant une journée qui démarrait normalement.
J'me suis réveillé super tard donc pour l'instant, pas de changements.
Soudainement, le ciel, un coup de tonnerre, puis je vis une lumière.
Les nuages se dégagèrent, le vent souffla, trembla la terre.

J'suis un chevalier de bronze à cause de ça, j'suis dans la mouise.
J'espère que c'est pas le seigneur, j'm'appelle seigneur moi, pas Moïse.
Eh bah si, c'était lui, et le seigneur il m'a dit :
« Kamini, tu seras blanc pendant 9 semaines et demie ».

Oh oh oh, là… blanc comment ?
Bien sûr Dieu s'amusa, avant de répondre il laissa un blanc.
Semblant de rien, j'tente de m'enfuir, j'me mets à courir,
Mais il était déjà trop tard, je vis mon épiderme blanchir.
Alors j'étais blanc de partout, il a fait gaffe même aux détails,
J'ai vérifié ma louloute, j'ai honte j'vous dirais pas la taille.
Et pourquoi tu m'as fait ça, franchement j'le méritais pas,
Michael Jackson tu l'connais pas ? Ça fait 30 ans qu'il attend que ça.

Refrain :
Argent, logement, les flics, les gens,
Comme un changement, depuis qu'j'suis blanc (x2)

Depuis qu'j'suis blanc, il faut voir tout c'qu'il m'arrive !
Avant, les flics ils me poursuivaient, là, j'ai l'impression qu'ils m'esquivent.
J'te jure, un truc de fou, les mecs ils viennent plus me contrôler,
A la fin ça me manquait tellement, j'étais obligé d'les supplier !

Un jour j'leur ai dit : « Eh j'ai du shit quand même les mecs hein ! »
Et tu sais ce qu'ils m'ont répondu ?
Eh vous êtes un marrant vous monsieur, on vous aurait presque cru, allez les gars.
Un autre truc, en boîte, et ben j'sais plus danser,
Mais pourquoi j'me plaindrais, j'me fais plus refouler à l'entrée.

Fini la bouffe africaine, le pondu l'foufou l'mfoumboi.
Maintenant, c'est salade niçoise et mon poulet cuit à l'auvergnat.
En plus ma voix elle est comme ça, ah non mais j'te jure hein je déconne pas.
L'autre jour j'avais mon père au téléphone, le mec, il me reconnaissait pas.
[Père de Kamini] : « Eh, mais qui fait des blagues là » ?
Mais Kamini, il parle pas comme ça ! Imbécile, je travaille moi !
Maintenant quand j'suis sorti moi je fais plus « hé ! »,
Maintenant j'sors des phrases du style « Ouh là là, sans déconner, eh, c'est vrai ? »

Refrain

J'te jure la vie n'est plus pareille, j'ai même chopé un coup de soleil !
Maintenant quand je vais au magasin, t'as plus l'vigile qui m'guette de loin. (x2)

→ Passé simple § 5, p. 87

c Lisez le texte. Dans les trois premiers couplets, Kamini utilise beaucoup de formes au passé simple. Trouvez-les et dites pourquoi il les utilise ici.

→ Stratégies 1, p. 64

d Quels sont les avantages et les inconvénients du protagoniste depuis qu'il est blanc. Faites deux listes et comparez-les. Quels sont les problèmes dont parle ainsi Kamini dans ce rap ? Et comment le fait-il ?

avantages	inconvénients

e Imaginez que vous changez de couleur de peau pendant une journée. Racontez cette journée dans le style d'un couplet de Kamini.

2 **la tentation** Versuchung
2 **Noël** *m.* Weihnachten
6 **un cube** Würfel
8 **une carte d'invalidité** Invaliditätskarte
9 **un remords** Gewissensbiss
10 **supporter** ertragen
13 **involontairement** ungewollt
15 **un souci** Sorge
15 **une orientation professionnelle** Berufsberatung
15 **hésiter** zögern
16 **une filière** Studiengang
16 **scientifique** wissenschaftlich
16 **littéraire** Literatur-
16 **s'inquiéter** sich sorgen

07

6 Où on va, papa ?

Cher Mathieu, Cher Thomas,

Quand vous étiez petits, j'ai eu quelque fois la tentation, à Noël, de vous offrir un livre, un *Tintin* par exemple. On aurait pu en parler ensemble après. Je connais bien *Tintin*, je les ais lus tous plusieurs fois.

Je ne l'ai jamais fait, ce n'était pas la peine, vous ne saviez pas lire. Vous ne saurez jamais lire. Jusqu'à la fin, vos cadeaux de Noël seront des cubes et des petites voitures… (…)

Je vais quand même vous offrir un livre. Un livre que j'ai écrit pour vous. Pour qu'on ne vous oublie pas, que vous ne soyez pas seulement une photo sur une carte d'invalidité. Pour écrire des choses que je n'ai jamais dites. Peut-être des remords. Je n'ai jamais été un bon père. Souvent, je ne vous supportais pas, vous étiez difficiles à aimer. Avec vous, il fallait une patience d'ange, et je ne suis pas un ange. (…)

Pour une fois, je voudrais essayer de parler de vous avec le sourire. Vous m'avez fait rire, et pas toujours involontairement.

Grâce à vous, j'ai eu des avantages sur les parents d'enfants normaux. Je n'ai pas eu de soucis avec vos études, ni votre orientation professionnelle. Nous n'avons pas eu à hésitez entre filière scientifique et filière littéraire. Pas eu à nous inquiéter de ce que vous feriez plus tard, on a su rapidement que ce serait : rien.

Jean-Louis Fournier, *Où on va, papa ?*, © Editions Stock, 2008 (texte abrégé).

→ Stratégies 1, p. 64

a Lisez la préface *(Vorwort)* du livre autobiographique de Jean-Louis Fournier « Où on va, papa ? ». A qui l'auteur parle-t-il ? Imaginez le problème de ces personnes.

b Trouvez les phrases qui montrent que les enfants de l'auteur sont différents des autres enfants. Pourquoi l'auteur pense avoir été un mauvais père ?

B S'engager

s'engager sich engagieren

un journal intime Tagebuch

coupable schuldig

confortablement mit allem Komfort

tonton *(fam.)* Onkel

une collecte de vêtements Kleidersammlung

les habits *m.* Kleider

pourri,e *(fam.) ici :* kaputt

tenir à qc an etwas hängen

vider leeren

en avoir pour une fortune ein Vermögen kosten

fâché,e böse

1 Nat en fait trop

a Nathalie est une petite fille qui décide elle aussi de s'engager, elle veut aider les gens pauvres du tiers-monde *(die dritte Welt)*. Racontez en 150 mots l'histoire de cette planche de BD.

b Pourquoi cette BD est-elle drôle ? Et quel est le message du dessinateur ?

2 A chacun son combat

05

→ Stratégies 8, p. 71

a Ecoutez les témoignages de trois personnes qui ont choisi de s'engager dans leurs villes. Complétez ensuite le tableau suivant.

	Témoignage 1	Témoignage 2	Témoignage 3
Prénom, âge			
Nom de l'association			
Objectif de l'association			
Rôle de la personne			

→ Stratégies 9, p. 72

b Etes-vous un(e) ado engagé(e) ? Ou seriez-vous prêt(e) à vous engager pour une cause *(Zweck)* ? Si oui, laquelle et pourquoi ?

→ Conditionnel § 8, p. 91

c Vous apprenez qu'un camarade d'école va être renvoyé dans son pays d'origine parce que sa famille n'a plus d'autorisation de séjour *(Aufenthaltserlaubnis)*. Imaginez en groupes ce que vous feriez pour changer cette situation. Présentez ensuite votre projet en classe.

3 Mission humanitaire en Tanzanie

08

1 **sauvage** wild
1 **le berceau de l'humanité** Wiege der Menschheit
2 **hanter** *ici :* beherrschen
2 **depuis la tendre enfance** von Kindesbeinen an
3 **du haut de** *ici :* mit meinen gerade
7 **un lépreux** Leprakranker
8 **chaleureux,-euse** herzlich
10 **s'habiller** sich anziehen
14 **un collier** Halskette
14 **une ceinture** Gürtel
16 **la médecine** Medizin
18 **qc m'a mis du baume au cœur** etw. ist Balsam für meine Seele
19 **un but** Ziel

Ah l'Afrique, terre des plus beaux animaux sauvages, berceau de l'humanité, elle a hanté mes rêves depuis ma plus tendre enfance. Un jour du haut de ma seizième année, j'ai décidé de partir réaliser mon rêve avec ma meilleure amie. Après de longues heures de recherches, nous sommes parties nos sacs sur le dos et des rêves plein la tête en Tanzanie. Nous avons été, dès notre arrivée, conduites dans le centre de lépreux de Madji ya Chai. Les sœurs de ce centre ont été tout de suite très chaleureuses. Nous devions nettoyer les chambres des lépreux, les aider à s'habiller et à se déplacer. Et toujours ils nous remerciaient avec des grands sourires, l'après-midi nous nous occupions des malades plus âgés. Sans connaître leur langue, nous avons partagé de beaux moments d'intimité, de fous rires, de musique, de joie. Ils nous apprenaient leur langue, et nous leur apprenions la nôtre, ils nous montraient une photo ou un livre, nous apprenaient à faire des colliers, des ceintures de perles ou comment rouler une cigarette avec du papier journal…
Nous n'avions pas grand-chose à offrir, pas de diplôme en médecine, pas d'argent à donner, pas de solutions à la faim dans le monde, nous étions juste deux jeunes filles offrant leur aide et leur présence. Cela suffisait, ils nous en remerciaient, et cela nous mettait du baume au cœur de nous savoir utiles et d'avoir un but dans notre vie : celui d'essayer d'aider du mieux que nous pouvions notre prochain.
Un mois fut bien trop court et pourtant riche en émotions !

→ Stratégies 1, p. 64

Charlène est partie un mois en Tanzanie. Lisez son témoignage, puis répondez aux questions suivantes.

1. Charlène rêvait depuis toujours d'aller en Tanzanie. ☐ de voir des animaux sauvages. ☐ d'aller en Afrique. ☐	**2.** Charlène est partie en Tanzanie faire des recherches. ☐ en voyage humanitaire. ☐ faire du tourisme avec une amie. ☐
3. En Tanzanie, Charlène était directrice d'un centre. ☐ était étudiante en médecine. ☐ était une jeune fille de 16 ans. ☐	**4.** Elle travaillait dans un centre pour sœurs. ☐ dans un centre à Madji ya Chai. ☐ dans un centre pour enfants malades. ☐
5. Comment Charlène faisait-elle pour communiquer avec les malades ? __________ __________ __________ __________	**6.** Pourquoi Charlène et son amie se sentaient-elle utiles ? __________ __________ __________ __________

4 Hunde-Held von Haiti

Port-au-Prince – Das Erdbeben von Haiti war das schwerste Erdbeben in der Region seit über 200 Jahren. Geschätzte 200.000 Menschen starben, weitere 250.000 wurden verwundet und 1,5 Millionen Menschen verloren ihr Heim. Inmitten dieser Katastrophe ist die Geschichte von Anna Zizi und dem jungen Rettungshund Pablo nur ein winziger Hoffnungsschimmer – und doch, für sich betrachtet, ist sie ein kleines Wunder.
Ein gebrochenes Bein, eine ausgerenkte Hüfte und eine massive Dehydrierung trug Anna Zizi davon. Doch dass sie überhaupt überlebt hat, 167 Stunden lang einklemmt unter den Trümmern, ohne Wasser und Nahrung, ist erstaunlich. Und dass sie letztlich doch noch gefunden und geborgen wurde, verdankt Anna Zizi Pablo.
Pablo ist ein Portugiesischer Wasserhund, gerade einmal vier Jahre alt, und hat erst kürzlich in Nordrheinwestfalen seine Ausbildung zum Rettungshund abgeschlossen. Der Einsatz auf Haiti war sein erster Einsatz, seine Feuertaufe – und er bestand diese Prüfung mit Bravour! Pablos Einsatz hat sich auf ganzer Linie ausgezahlt – auch für Pablo, denn der bekam zur Belohnung für seine außerordentliche Leistung einen Hundekeks.
Sein Frauchen Anja Fiedler von der Deutschen Erdbebenrettung in Merzenich erklärte im Interview mit der BILD mit berechtigtem Stolz: „Pablo ist unermüdlich. Es ist toll, mit ihm zu arbeiten!"

→ Stratégies 15, p. 79

a Votre corres Pierre est en train de lire un article sur un tremblement de terre à Haïti, mais ne comprend pas très bien de quoi il s'agit. Vous lui expliquez en résumant l'article en français.

b Trouvez un titre qui résume bien l'histoire de l'article.

5 Henri Dunant, le fondateur de la Croix-Rouge

09

Le texte suivant retrace la vie d'Henri Dunant, le fondateur de la première organisation humanitaire.

1 **aîné,e** älteste,r
1 **bourgeois,e** bürgerlich
6 **un apprentissage** Ausbildung
12 **aménager** einrichten
18 **un précurseur** Vorreiter
24 **démissionner** kündigen
24 **CICR** *Abk. von Comité International de la Croix-Rouge*
25 **à l'écart de** weit von
29 **la paix** Frieden

Henri Dunant **naît** en 1828 à Genève. Il **est** le fils aîné d'une famille bourgeoise et il **a** 4 frères et sœurs. Ses parents **s'engagent** très tôt dans l'action sociale et ils **transmettent** à leurs enfants le sens de la responsabilité sociale. Henri **est** croyant et **s'engage** dans l'église calviniste où il **s'occupe** de prisonniers et de pauvres.

Comme il **a** de mauvaises notes, il **doit** quitter le collège en 1849 et **commence** un apprentissage dans une banque. Après, il **part** travailler en Algérie qui **est** à l'époque une colonie française. Il y **crée** sa propre entreprise et **prend** la nationalité française pour se faciliter la vie. En 1859, il **se rend** en Italie pour demander des concessions à l'empereur Napoléon III. Lorsqu'il **arrive** dans la petite ville de Solférino où **se trouve** l'empereur avec son armée, Dunant **est** choqué par ce qu'il **voit**. Une bataille entre les Français et les Autrichiens **vient** d'avoir lieu, 38 000 blessés et morts **se trouvent** encore sur le champ de bataille. Alors, il **décide** d'agir et **aménage** un hôpital provisoire dans une église où il **soigne** les blessés de guerre avec d'autres volontaires.

Trois ans après, il **publie** un livre de souvenirs. Dans ce livre, il **développe** pour la première fois l'idée d'une organisation humanitaire neutre qui s'occuperait des soldats blessés. En 1863, le Comité de Genève, précurseur du Comité International de la Croix-Rouge, **est fondé**. Son symbole est le drapeau suisse aux couleurs inversées qui deviendra le croissant rouge dans certains pays musulmans.

Les années suivantes, Dunant **a** de graves problèmes financiers et il y **a** même un procès contre lui. Il **est condamné** et **doit** démissionner de son poste du CICR. Pendant des années, il **vit** dans la pauvreté et à l'écart de la société.

Ce n'est qu'en 1901 que son travail **est** enfin **reconnu** sur le plan international. Il **reçoit** le premier Prix Nobel de la Paix. Le Comité d'Oslo **récompense** ainsi son travail de pacifiste.

→ Passé composé et imparfait § 1, p. 84

a Mettez le texte au passé.

b Il y a dans le texte beaucoup de mots que vous ne connaissez pas, mais que vous pouvez deviner. Lisez les définitions suivantes et essayez de trouver les mots du texte.

1. C'est une personne qui croit en Dieu, elle est… ________	**2.** C'est un adjectif qui signifie « qui ne dure pas. » ________	**3.** C'est une personne qui travaille sans être payée. Attention, c'est un faux-ami ! ________
4. C'est le symbole de l'islam et on le trouve aussi dans les boulangeries. ________	**5.** C'est un faux-ami, synonyme de « place », « position ». ________	**6.** C'est quelqu'un qui est contre la guerre. ________

→ Stratégies 16, p. 80 WWW

c Faites des recherches sur Internet. Trouvez d'autres organisations humanitaires qui ont reçu le prix Nobel de la Paix et présentez-en une en classe dans un court exposé.

La Suisse, le pays du chocolat…
Promenade virtuelle à Genève
Voyage à Djerba Le tour du monde en 20 jours !
Qui est le papa de Titeuf ? Ne refusez jamais un thé à la menthe
L'oasis de Tozeur est la porte d'entrée du Sahara.

A votre avis, où ont été prises ces photos ?
Si vous aviez le choix entre ces deux destinations de vacances, où iriez-vous ?

Les contrastes de la francophonie

A La Suisse : un voisin peu connu

1 La Suisse, vous connaissez ?

10

a Lorsqu'on vous parle de la Suisse, à quoi pensez-vous ? Faites un filet à mots.

b Regardez la carte et lisez le texte, puis complétez votre filet à mots.

c A partir de l'ensemble de ces informations, faites une petite présentation de la Suisse.

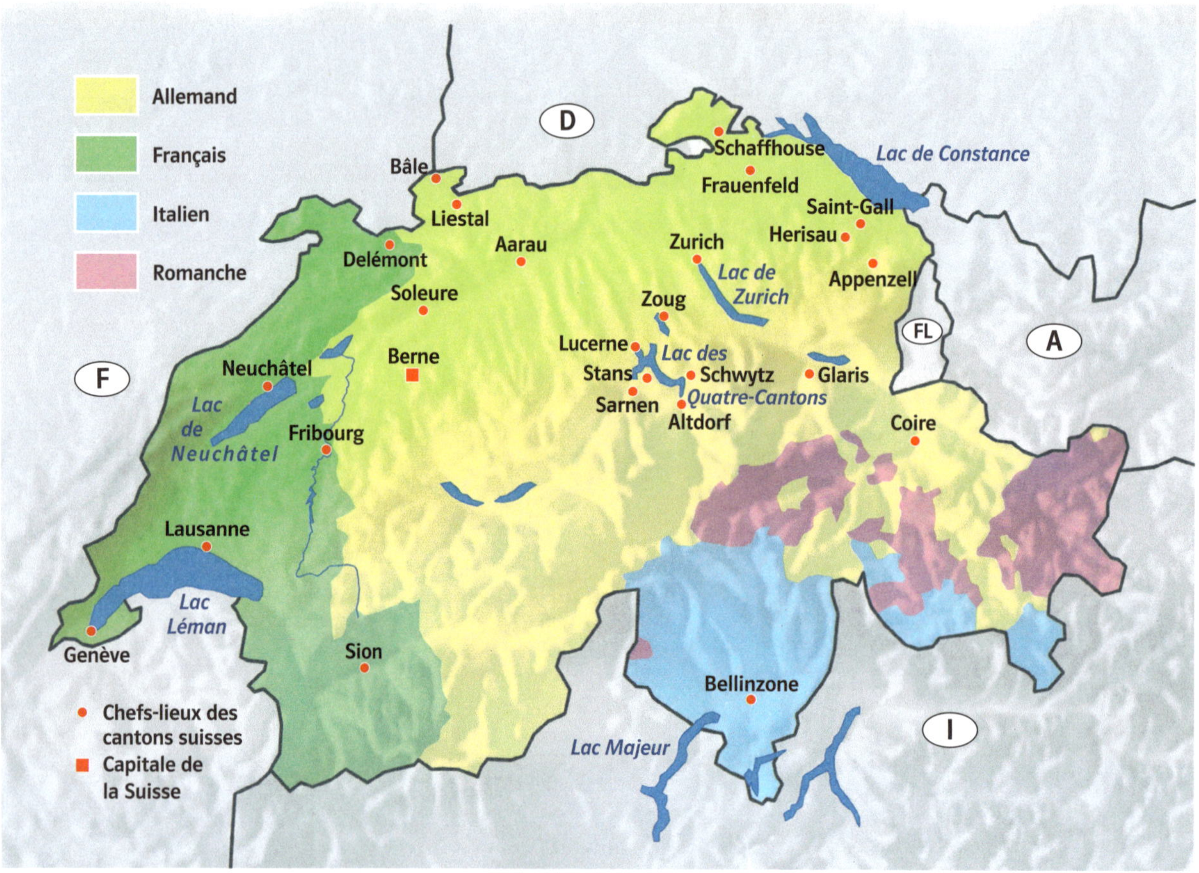

2 **constituer** bestehen
3 **étroit,e** eng
3 **la monnaie** Währung
8 **la minorité** Minderheit
11 **notamment** besonders

La Suisse est un petit pays d'environ 7,7 millions d'habitants dont 22 % d'étrangers. C'est un pays fédéral, constitué de 26 cantons. La Suisse ne fait pas partie de l'Union européenne, mais elle a des relations étroites avec celle-ci. Sa monnaie s'appelle le franc suisse. Un Suisse sur cinq a le français pour langue maternelle. Le français est donc la deuxième langue du pays après l'allemand parlé, par 63 % de la population. Le français est surtout parlé dans l'ouest du pays appelé la Suisse romande. Mais à côté de l'allemand et du français, il y a deux autres langues officielles en Suisse : l'italien (6,5 % des habitants) et le romanche, une langue romane parlée par une petite minorité (0,5 %). La plupart des Suisses parlent plusieurs langues.
Le français parlé en Suisse est le français standard, mais on peut noter quelques différences, notamment un accent suisse qu'on reconnaît facilement dans certaines régions et quelques expressions typiques qu'on appelle « helvétismes ».

d Connaissez-vous bien les pays de la francophonie ? Quels sont les autres pays francophones européens qui ont plusieurs langues officielles ?

2 Genève – Une promenade virtuelle

1 **un siège** Sitz
3 **une organisation non gouvernementale (ONG)** Non-governmental organization (NGO)
5 **privé,e** privat
6 **attirer** anziehen

Deuxième ville de Suisse avec 200 000 habitants, Genève est le siège de 22 organisations internationales (p. ex. le siège européen des Nations Unies et l'Organisation mondiale pour la Santé) et 250 organisations non-gouvernementales (ONG), faisant de Genève le deuxième centre de coopération internationale après New York. De plus, on y trouve aussi de grandes banques privées, car Genève est la sixième place financière mondiale.
Capitale de la Suisse romande, Genève attire aussi les touristes grâce à sa situation privilégiée, au bord du Lac Léman et près de la montagne.

06

a Regardez les photos ci-dessous *(unten)* en écoutant l'audio-guide. Complétez ensuite les phrases.

3 **projeter** hochschleudern
3 **une vitesse** Geschwindigkeit
6 **une horloge** Uhr
13 **protéger** schützen
19 **une fontaine** Brunnen

1. Le jet d'eau

Il est devenu le ______________ n° 1 de la ville. L'eau est projetée à une vitesse de 200 km/h et arrive à une hauteur de _______ mètres. Il se trouve à sa place actuelle depuis _________ .

2. L'horloge fleurie

C'est un motif populaire de ______________________ . Elle symbolise l'industrie horlogère et la _____________ suisse. Les fleurs varient selon la _______________ .

3. L'hôtel de ville

On a commencé à le construire au _______________ . On y a signé en 1864 la première Convention de Genève qui protège les blessés ___________________ , un des premiers actes du Comité de la ___________________ .

4. Place du Bourg-de-Four

Cette place était un forum du temps des ____________ , puis au Moyen Age. Sa fonction aujourd'hui est d'être un _________________________ . Au centre de la place, on trouve une belle fontaine du __________________ .

5. Rues Basses

On y va surtout pour faire du shopping. Si Genève est le centre ___________________ de la Suisse romande, c'est aussi l'endroit idéal pour acheter une __________ et des bijoux. Les moins riches pourront se consoler avec ________________________ .

→ Stratégies 8, p. 71

b Vous faites un voyage de classe à Genève, mais vous n'avez que deux heures pour visiter la ville. Réécoutez l'audio-guide pour avoir plus d'informations sur les lieux touristiques de la ville et choisissez-en trois. Présentez ensuite votre choix et expliquez vos raisons.

5 **insolent,e** frech
7 **une manière** Art
8 **un,e adulte** Erwachsene,r
9 **la mèche** *ici :* Haartolle
14 **l'intégrale** Gesamtausgabe
14 **un tome** Band
15 **s'inspirer de qc** sich von etw. inspirieren lassen

3 Le « papa » de Titeuf !

11

Quand on parle de BD francophone, on pense tout d'abord à la Belgique, pays d'origine de grands auteurs de BD comme Hergé *(les aventures de Tintin et Milou)* ou Morris *(Lucky Luke)*. Mais saviez-vous que c'est un Suisse qui a créé le héros préféré des 9-11 ans, Titeuf ?
Titeuf est cet « héros » insolent et drôle qui représente les enfants d'aujourd'hui avec leurs envies, leurs questions, leur manière de parler et leur vision – parfois bizarre – du monde des adultes. Qui est le « père » du petit garçon à la mèche blonde ?
C'est le Genevois Zep, ou plutôt Philippe Chappuis, né en 1967, qui a crée en 1992 ce personnage pour parler de sa propre enfance. Comme ce personnage a une tête en forme d'œuf, le nom est vite trouvé. Un an plus tard, un premier album paraît. Le succès est immense : une « intégrale » en 12 tomes, un dessin animé à la télé, des jeux vidéo et un film.
Comment expliquer ce succès ? Zep s'inspire simplement de ses souvenirs personnels, raconte les anecdotes qui lui sont arrivées : ses petites joies, ses grands malheurs et surtout ses bêtises… tout en exagérant un peu, bien sûr. D'ailleurs, quand on demande au dessinateur si Zep et Titeuf sont une même et seule personne, il répond que Titeuf est un personnage qui joue le rôle de Zep. Mais au fait, pourquoi le « papa » de Titeuf a choisi ce nom d'artiste ? Et bien, Philippe Chappuis est un fan de Led Zeppelin. Titeuf, lui, préfère les jeux vidéo…

→ Stratégies 6, p. 69

a Connaissez-vous Titeuf ? Qu'est-ce que le portrait de Titeuf ci-dessus *(oben)* dit sur ce personnage ? Faites un court portrait de lui.

→ Stratégies 5, p. 68

b Décrivez le portrait ci-contre *(nebenstehend)* de Zep.

c Lisez le texte, puis dites ce que cette photo nous apprend sur la « naissance » du personnage Titeuf.

d Lisez les définitions suivantes et essayez de trouver les mots sur le thème de la BD.

1. On en écrit un aussi pour raconter l'histoire d'un film. ______	**2.** C'est le personnage principal d'une histoire. ______	**3.** C'est un dessin qui exagère le caractère ou le physique d'une personne. ______
4. C'est un plan qui montre clairement les expressions du visage et les détails. ______	**5.** C'est un plan qui permet de présenter un paysage ou une situation. ______	**6.** On y écrit les dialogues des personnages de BD. ______

4 Le tour du monde en 20 jours !

2 **un coéquipier** Mannschaftskamerad
3 **s'élancer** abfliegen
6 **le désert** Wüste
7 **une escale** Zwischenstopp
8 **un périple** Reise
9 **tenter** versuchen
9 **un exploit** Heldentat

Château-d'Oex, 1er mars 1999, 9h05 : le Suisse Bertrand Piccard et son coéquipier, le Britannique Brian Jones, s'élancent dans le ciel à bord du Breitling Orbiter 3, un énorme ballon de 8100kg et de 55m de haut. Ils se posent 19 jours, 21 heures et 55 minutes plus tard, sur le sable du désert égyptien. Les deux hommes viennent de réussir le premier tour du monde sans escale, soit un périple de 47000km. Bertrand Piccard, qui avait déjà tenté le même exploit en 1997 et 1998, va enfin jusqu'au bout de son rêve.

Aut. nº 1004301 © Michelin, 2010 (extrait).

1 **décoller** *ici :* abfliegen
2 **au-dessus** über
3 **un survol** Überflug
3 **la vitesse** Geschwindigkeit
3 **l'altitude** Höhe
4 **redescendre** *ici : die Flughöhe verringern auf*
7 **avancer** vorankommen
8 **autoriser** genehmigen
12 **battre un record** einen Rekord brechen
19 **atteindre** erreichen
20 **parcourir** *ici :* zurücklegen
22 **atterrir** landen

Journal de bord

1er mars	9h05 : On décolle de Château-d'Oex. C'est parti, direction le sud !
2 mars	Vol au-dessus de la Méditerranée, on s'approche de l'Afrique.
3 mars	Survol de la Mauritanie. Vitesse : 45km/h. Altitude : 4500m
4 mars	Au-dessus du Sahara, il ne fait pas très chaud… On redescend à 2000m.
5 mars	L'Egypte est sous nos pieds.
6 mars	Les autorités du Yémen nous autorisent à voler au-dessus de leur pays.
7 mars	Orbiter 3 avance sans problème.
8 mars	Problèmes avec les autorités de contrôle aérien indien qui ont perdu notre autorisation de survol.
9 mars	Les autorités chinoises nous autorisent à voler à 8800m d'altitude.
10 mars	Au revoir la Chine !
11 mars	Je bats mon propre record de 1998.
12 mars	Orbiter 3 commence la deuxième moitié du tour du monde.
13 mars	Le Pacifique est devant nous.
14 mars	L'océan est immense.
15 mars	Encore le Pacifique…
16 mars	Toujours le Pacifique… Notre vitesse : 190 km/h
17 mars	Arrivée au-dessus du Mexique.
18 mars	Nous atteignons enfin l'Atlantique.
19 mars	Record battu, Orbiter 3 a parcouru 38000km.
20 mars	Nous passons la ligne d'arrivée !
21 mars	Après avoir parcouru 45755km, Orbiter 3 atterrit dans le désert égyptien. Nous avons passé 19 jours, 21 heures et 55 minutes à bord du ballon.

→ Stratégies 1, p. 64

a Lisez le journal le bord de l'aventurier *(Abenteurer)* suisse, Bertrand Piccard, puis résumez en 150 mots le tour du monde du Breitling Orbiter 3.

→ Stratégies 11, p. 74

b Un siècle après les aventures de Phileas Fogg dans son « Tour du monde en 80 jours », comprenez-vous ce qui anime *(antreiben)* ces aventuriers à vivre ce type d'exploits ? Discutez-en en classe.

→ Conditionnel § 8, p. 91

c Seriez-vous vous-même prêt(e) à vivre une aventure extraordinaire ? Si oui, que feriez-vous ?

d Complétez la grille.

continent/pays	habitant,e	adjectif
la Suisse		
	un,e Britannique	
l'Afrique		
		chinois,e
le Mexique		
	un,e Yéménite	
l'Egypte		

5 La Suisse en chanson

07

- 2 **un,e compositeur, -trice** KomponistIn
- 4 **un apprentissage** Ausbildung
- 12 **un extrait** Auszug
- 13 **sortir** *ici:* veröffentlichen

Stephan Eicher, né en 1960, est un auteur-chanteur-compositeur suisse. Il est né en Suisse allemande. Après un apprentissage dans un hôtel et quelques petits boulots (à la poste, dans un bar, en usine), il fait une école d'art. En 1979, il compose ses premières chansons. Il chante en français, en allemand, en suisse allemand, en romanche, en italien et en anglais. Parfois, il mélange même plusieurs langues dans une même chanson. « Confettis » est un extrait de son album « Eldorado », sorti en 2007.

Confettis

- 2 **impensable** undenkbar
- 3 **il est hors de question** es steht außer Frage
- 6 **indispensable** unerlässlich
- 7 **un poumon** Lunge
- 8 **invulnérable** unverwundbar
- 15 **rayer** streichen
- 15 **la mémoire** Gedächtnis
- 18 **une déception** Enttäuschung
- 23 **béni soit** gesegnet sei
- 23 **un fossé** Graben
- 23 **séparer** trennen
- 24 **profond,e** tief
- 25 **un connard** *(fam.)* Arsch
- 26 **dépasser** übersteigen

Il est tout a fait impensable
Il est tout a fait hors de question
Que tu viennes t'asseoir à ma table
Que tu me fasses la conversation

Il est tout a fait indispensable
Que l'air puisse entrer dans mes poumons
Jamais tu ne seras invulnérable
Jamais tu ne pourras être aussi bon

Refrain :
Je te la laisse, je te la laisse
Ta place au paradis
Je te la laisse, je te la laisse
Fais-en… des confettis

Je vais te rayer de ma mémoire
Je vais oublier jusqu'à ton nom
Et puis j'irai pisser dans le noir
La vie n'est pas que des déceptions

Je te la laisse, je te la laisse
Ta place au paradis
Je te la laisse, je te la laisse
Fais-en… des confettis

Béni soit le fossé qui nous sépare
Il ne sera jamais assez profond
Le prix que tu payes pauvre connard
Dépasse ta pauvre imagination

Je te la laisse, je te la laisse
Ta place au paradis
Je te la laisse, je te la laisse
Fais-en… des confettis

Je te la laisse, je te la laisse
Ta place au paradis
Je te la laisse, je te la laisse
Fais-en…

Paroles : Djian, Philippe/Musique : Stephan Eicher, Frédéric Bonnet, Benoît de Villeneuve

Partagez la classe en deux groupes : A et B.

→ Stratégies 1, p. 64; 9, p. 72 *(Groupe B)*

Groupe A

a Regardez le clip « Confettis » de Stephan Eicher sans écouter la musique et sans lire le texte.
b Notez le plus de détails possibles pour pouvoir raconter ensuite l'histoire à vos camarades de l'autre groupe.
c Imaginez de quoi parle la chanson et quel est son style de musique. Faites des suggestions *(Vorschläge)*.

Groupe B

a Lisez le texte de la page 40. Imaginez qui parle à qui dans cette chanson. A votre avis, de quel problème s'agit-il ?
b Comparez vos suggestions avec les autres membres de votre groupe.
c Travail en petits groupes. Trouvez une idée et écrivez un scénario pour tourner le clip vidéo de la chanson.

Travail en classe :
Echangez maintenant vos idées : un membre du groupe A et un membre du groupe B échangent *(tauschen)* et comparent leurs résultats. Puis, toute la classe regarde le clip avec la musique.

B La Tunisie : la Méditerranée francophone

7 **un,e musulman,e** MuslimIn
8 **un,e juif,-ve** Jude/Jüdin
9 **un,e chrétien,ne** ChristIn
11 **une monnaie** Währung
13 **indépendant,e** unabhängig

Superficie :	163 610 km²
Population :	10,5 millions d'habitants en 2010
Capitale :	Tunis
Religions :	l'islam est la religion officielle, il y a 98 % de musulmans, 1 % de juifs et 1 % de chrétiens
Langues officielles :	l'arabe et le français
Monnaie :	le dinar tunisien
Histoire :	colonie française à partir de 1871, indépendante depuis 1956

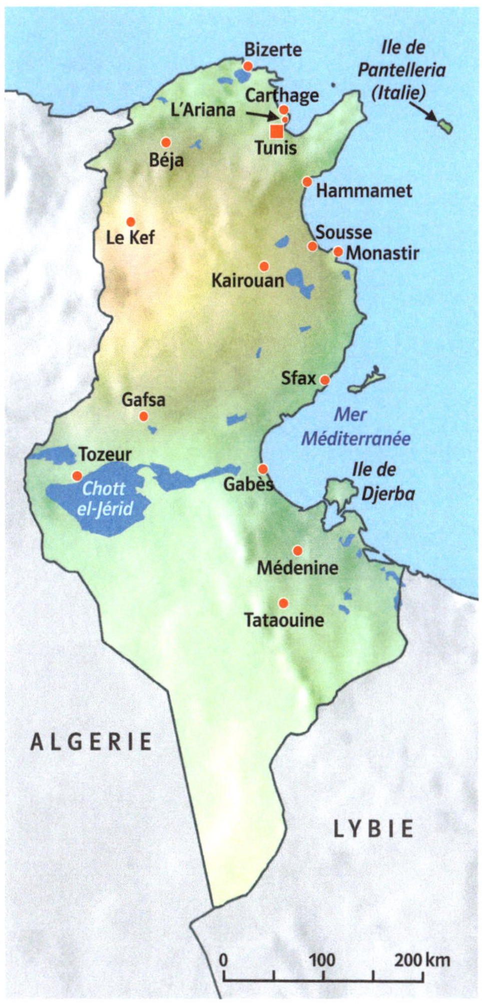

1 En route pour de nouvelles découvertes

12

→ Stratégies 1-2, pp. 64-65

En petits groupes, vous préparez vos vacances d'une semaine en Tunisie. Regardez la carte de la Tunisie et les photos sur la page suivante. Puis, lisez les textes. Planifiez ensuite votre voyage. Vous pouvez choisir un maximum de trois destinations. Justifiez votre choix.

2 **une curiosité** Sehenswürdigkeit
3 **une demeure** Wohnsitz
4 **un souk** Basar
12 **s'étendre** sich austrecken
14 **un palmier dattier** Dattelpalme
14 **ocre** *(inv.)* ocker(farben)
18 **une banlieue résidentielle** Wohnviertel
22 **les vestiges** *m.* Überbleibsel
25 **saint,e** heilig
26 **un patrimoine** Erbe
28 **un tombeau** Grabmal
28 **un compagnon** Begleiter, Freund

Tunis

La capitale du pays offre beaucoup de curiosités à visiter : des mosquées de styles différents, des belles demeures des siècles passés, des *souks*, des parcs et sa ville du 19e siècle qui montre l'influence française. La *médina*, la ville traditionnelle, est considérée comme une des plus belles des pays du Maghreb.

Tozeur

Cette oasis est une des destinations touristiques les plus importantes du pays. Elle est la porte d'entrée du Sahara tunisien et le point de départ pour la plupart des excursions vers le désert. L'oasis s'étend sur plus de mille hectares et on y trouve à peu près un demi-million de palmiers dattiers. Les maisons ocre sont décorées de motifs géométriques. On y a notamment tourné la célèbre *Guerre des Etoiles*.

Carthage

Cette banlieue résidentielle de Tunis est également un des sites archéologiques les plus importants du pays. Fondée en 814 avant Jésus-Christ, Carthage a été pendant longtemps la grande rivale de Rome. Tous ceux qui s'intéressent à l'histoire voudront visiter les vestiges de ce grand passé.

Kairouan

Souvent vue comme la quatrième ville sainte de l'islam, la ville est sur la liste du patrimoine mondial de l'UNESCO depuis 1988. On peut y visiter des bâtiments religieux, le tombeau d'un compagnon du prophète et la Grande Mosquée fondée au 9e siècle.

Sousse

La capitale du Sahel tunisien n'est pas seulement un centre industriel, c'est aussi une ville touristique importante. Le climat y est doux, on trouve de longues plages de sable et beaucoup d'hôtels et de restaurants. Le soir, on peut sortir dans de nombreuses discothèques. Les touristes apprécient également le riche patrimoine de cette vieille ville qui a déjà été fondée par les Phéniciens. Elle a gardé de son passé les remparts fortifiés de sa *médina*.

2 Petit guide du parfait voyageur

→ Stratégies 15, p. 79

a Vous arrivez en Tunisie avec un ami. Vous achetez un guide qui vous donne des conseils pratiques *(praktische Ratschläge)*. Résumez-lui les informations importantes en allemand.

1 **prévoir** vorsorgen für
2 **s'aventurer quelque part** sich irgendwohin wagen
4 **par ailleurs** außerdem
4 **retirer** *ici :* ausziehen
7 **demander** *ici :* erfordern
10 **le monokini** oben ohne
10 **en revanche** hingegen

Conseils vestimentaires : En été, prévoyez des vêtements très légers – mais pas trop – car il peut faire jusqu'à 40° ! Et si vous vous aventurez dans le Sahara, n'oubliez pas de prendre avec vous des vêtements chauds car les nuits sont très fraîches, même en août. Par ailleurs, retirez vos chaussures si vous visitez une mosquée.
Pourboire : Les salaires étant bas, on laisse généralement un pourboire (environ 10 %) pour le service dans les restaurants et cafés.
Marchandage : Le marchandage est une tradition tunisienne qui demande de la patience…
Plage : Attention, le nudisme et les monokinis sur les plages publiques sont interdits. En revanche, le monokini est toléré sur les plages touristiques.
Photos : Lorsque vous désirez photographier des gens, demandez toujours la permission avant. Ce sera peut-être une bonne occasion de rencontrer des gens.
Ramadan : Attention, le mois du ramadan est une période de jeûne collectif suivie par la majorité des Tunisiens. Si vous ne pratiquez pas vous-même le ramadan, soyez respectueux de cette tradition et discret si vous mangez ou buvez la journée.
Thé à la menthe : Ne refusez jamais un verre de thé à la menthe. C'est un geste amical qu'il faut toujours accepter, même si vous n'avez pas soif !

→ Stratégies 2, p. 65

b Trouvez les mots français dans le texte.

D	F	D	F
eine Moschee	______	die Nacktheit	______
das Trinkgeld	______	öffentliche Strände	______
das Gehalt	______	eine Erlaubnis	______
das Handeln	______	das gemeinschaftliche Fasten	______

3 Clandestin en Méditerranée

13

l'inverse das Gegenteil
un immigré clandestin illegaler Einwanderer

S'il est facile pour les touristes européens de venir en Tunisie, l'inverse l'est moins. Fawzi Mellah raconte dans « Clandestin en Méditerranée » son aventure en tant qu'immigré clandestin.

2 **délivrer** *ici :* ausstellen
3 **un,e fonctionnaire** Beamter/Beamtin
6 **paumé,e** *(fam.)* aufgeschmissen
7 **démontrer** beweisen
9 **une barque de pêche** Fischerboot
10 **un gilet de sauvetage** Rettungsweste
13 **un passeur** Fluchthelfer
13 **un,e intermédiaire** VermittlerIn
14 **une croisière** Kreuzfahrt

Tout a commencé au consulat belge à Tunis qui a refusé de me délivrer un visa. « Vous étiez l'année dernière en Europe, vous ne croyez pas que c'est suffisant ? », me dit la fonctionnaire. Suffisant pour qui ? J'étais invité pour un débat par la Radio télévision belge (RTBF). Je me suis dit que si on me refusait à moi le visa, qu'en est-il pour les jeunes paumés tunisiens ? (…)
Pourquoi ne pas démontrer à ces fonctionnaires que je pouvais venir à Bruxelles illégalement ? (…) Au lieu de prendre l'avion, j'ai décidé de prendre une barque de pêche. C'est plus cher et plus risqué. Sans gilet de sauvetage. Entre Tunis et l'Italie, il y a la Méditerranée. (…) Un saut de quarante kilomètres. J'ai commencé à prendre des contacts. (…)
Cent francs le kilomètre. Entre les passeurs et les différents intermédiaires, le voyage m'a coûté 12 000 FF (2000 euros). Le prix d'une croisière en première classe. J'avais les moyens ;

4

15 **un,e Maghrébin,e** Nord-AfrikanerIn
16 **s'endetter** sich verschulden
16 **se cotiser** zusammenlegen
17 **une traversée** Überfahrt
19 **un doctorat** Promotion, Doktortitel
20 **de préférence** lieblings-
22 **passer** *ici :* durchfahren
22 **passer au journal** in den Nachrichten sein
23 **s'achever** enden

mon journal payait tous les frais. Ce n'est pas le cas pour les cinq Maghrébins et le Malien. La plupart se sont endettés. Les familles se sont cotisées pour offrir à l'un des leurs la traversée vers l'Eden. (…)
En mer, il faut savoir nager. Etre jeune et fort. (…) Ils sont tous jeunes : entre 25 et 30 ans. Bac +4 et plus. Comme cet Algérien de 30 ans avec son doctorat en poche. Il n'a aucune idée de ce qu'il fera en Europe et pas de pays de préférence. (…)
Pantelleria, petit matin. Nous sommes sur une petite île italienne, en Europe ! Huit bateaux sur dix arrivent à passer. Les deux autres passeront aux journaux de 20 heures.
Le voyage s'achève pour moi. Il commence pour les autres.

Fawzi Mellah, *Clandestin en Méditerranée*, © Le Cherche Midi, 2000 (extrait abrégé).

→ Stratégies 1, p. 64

a Lisez le texte, puis répondez aux questions.

1. Fawzi Mellah travaille pour la RTBF. ☐ est un étudiant tunisien. ☐ est un journaliste maghrébin. ☐	**2.** Les immigrés clandestins rêvent d'aller en Europe. ☐ à Bruxelles. ☐ surtout en Italie. ☐
3. Fawzi Mellah a de la chance : il ne paie rien lui-même. ☐ il part en bateau de croisière. ☐ il ne paie que 100 francs. ☐	**4.** Sur la barque, les autres clandestins sont tous Maghrébins. ☐ viennent de familles riches. ☐ ont fait des études. ☐
5. A votre avis, pourquoi les familles se cotisent-elles ? __________ __________ __________	**6.** Pourquoi le voyage commence-t-il pour les autres à Pantelleria ? __________ __________ __________

→ Stratégies 5, p. 68

b Décrivez la caricature du dessinateur Lotfi Ben Sassi.

→ Subjonctif § 2, p. 85

c Qu'est-ce qu'elle dit sur le désespoir *(Verzweiflung)* des immigrés clandestins décrit dans le texte ? Faites des phrases avec « bien que, avant que, sans que, pour que… ».

4 Rêve d'évasion

Vous êtes publicitaire *(Werbetexter)* et vous travaillez pour l'office de tourisme de l'île de Djerba, première destination touristique du pays. Vous devez attirer des touristes français en préparant une campagne publicitaire *(Werbekampagne)* dans les magazines. Travaillez en groupes.

a Notez tous les mots que vous associez à ces photos de Djerba.

b Réfléchissez comment convaincre les lecteurs de visiter l'île. Ecrivez un court texte qui présente les avantages d'un séjour à Djerba. Créez ensuite une affiche publicitaire.

c Trouvez enfin un slogan qui puisse séduire *(anziehen)* les lecteurs.

→ Stratégies 16, p. 80

d En classe, chaque groupe présente enfin sa campagne et explique ses choix.

Vidéo, installation, sculpture, design
Le design est partout autour de nous Hip-hop, techno, geek,
baba, rockeur, fluokid, punk, gothique, skateur, à chacun son style
Ma musique, c'est moi David Guetta ou Bob Sinclar ?
Une nouvelle vague de DJ house et électro a traversé les frontières

« Il faut que l'art ait un but sinon ce n'est pas de l'art ! »
Que pensez-vous de cette citation ?

L'art et la création autour de nous

A Comprenez-vous l'art ?

1 L'art contemporain

une œuvre Werk
intituler betiteln
une scarolle Endivien-salat

→ Stratégies 5, p. 68

a Quand on vous parle d'art contemporain *(zeitgenössisch)*, à quoi pensez-vous ? Ecrivez sur une feuille tout ce qui vous vient à l'esprit *(einfallen)*.

b Décrivez maintenant le dessin.

c Formulez le message de son auteur, le dessinateur belge Philippe Gelück.

d Prenez-vous l'art toujours au sérieux *(ernst nehmen)* ?

2 A quoi ça sert, l'art ?

14

Marcel Duchamp

Sylvie Fleury

auteur inconnu

2 **circuler** *ici :* im Einsatz sein
5 **un objet non identifié** unbekanntes Objekt
6 **en apparence** scheinbar
7 **un pan de mur** Wandfläche
8 **un but** Ziel
8 **embellir** verschönern
8 **déranger** stören
11 **autrement** anders
12 **éprouver** empfinden

Le monde d'aujourd'hui est rempli d'images. Le cinéma, la télévision, les affiches dans la ville ou sur les autobus qui circulent ; les jeux vidéo, les publicités, les DVD, Internet… Quelle profusion ! On ne sait plus où donner de la tête. Informer, faire vendre, distraire : toutes ces images ont une fonction bien précise. (…) Pourtant, parfois, dans cet univers extrêmement organisé, il arrive que l'on rencontre des images ou des objets « non identifiés » qui, en apparence, ne servent à rien de particulier. Des sculptures dans les jardins ou sur les places, des peintures pour décorer un pan de mur. Certaines sont des œuvres d'art contemporain. Mais quel est leur but ? Etonner, surprendre, embellir, déranger, irriter ? Vaste programme ! Les artistes s'adressent à notre sensibilité et à notre intelligence pour nous faire réfléchir. (…) C'est pourtant ce que propose l'art contemporain : nous faire voir les choses autrement, provoquer en nous des sensations que nous n'avons peut-être jamais l'occasion d'éprouver.

Sous la direction de Véronique Bouruet-Aubertot, *L'art contemporain*, © Editions Autrement, 2005 (extrait abrégé).

a Qu'est-ce que vous ressentez *(empfinden)* quand vous regardez les trois œuvres de la page précédente *(vorig)* ? Trouvez-leur un titre à chacun.

b Lisez le texte, puis dites quelles étaient les intentions *(Absicht)* des trois artistes.

→ Stratégies 2, p. 65

c Il y a dans le texte beaucoup de mots que vous ne connaissez pas, mais que vous pouvez deviner. A partir de l'allemand et de l'anglais, complétez le tableau suivant.

D	F	GB	F
informieren	____________	to distract	____________
eine Skulptur	____________	a function	____________
schmücken	____________	precise	____________
reizen, stören	____________	a universe	____________
die Sensibilität	____________	extremely	____________
provozieren	____________	to address sb	____________

15

3 C'est vraiment un urinoir.

3 **un porte-bouteilles** Flaschenträger
4 **jusque-là** bis dahin
7 **un urinoir** Pissoir
7 **retourner** umdrehen
10 **pareil,le** *ici :* derartig
15 **au point de** derart, so sehr, dass …
16 **utilitaire** nützlich
17 **un point de vue** Ansicht, Blickwinkel
17 **une pensée** Gedanke

Un jour de l'année 1914, l'artiste Marcel Duchamp entre au BHV (le Bazar de l'Hôtel de Ville, un grand magasin de Paris) pour acheter un porte-bouteilles. Jusque-là rien d'extraordinaire. Sauf que Marcel Duchamp rapporte le porte-bouteilles chez lui et décide qu'il s'agit d'une œuvre d'art ! Trois ans plus tard, il achète un urinoir, le retourne, l'appelle « Fontaine », le signe « R. Mutt » et l'envoie pour une exposition à New York. Les organisateurs refusent de montrer une chose pareille ! Polémique, scandale : Marcel Duchamp s'explique alors dans un journal : « Que M. Muttt ait fabriqué la fontaine de ses propres mains ou non est sans importance. Il l'a choisie. Il a pris un objet de la vie quotidienne, l'a mis en situation au point de faire oublier sa fonction utilitaire. Sous un nouveau titre et un nouveau point de vue, il a créé une pensée nouvelle de cet objet. »

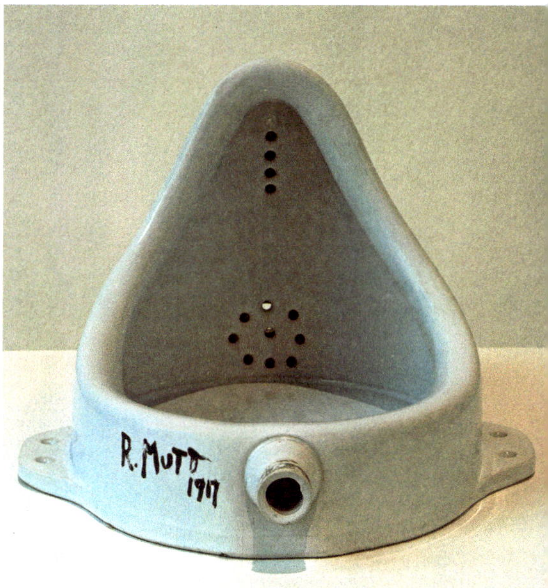

Sous la direction de Véronique Bouruet-Aubertot, *L'art contemporain*, © Editions Autrement, 2005 (extrait).

a Lisez le texte. Quelle est la différence entre l'œuvre de Marcel Duchamp et un urinoir qu'on utilise au quotidien ?

→ Stratégies 9, p. 72

b Marcel Duchamp choisissait d'exposer *(ausstellen)* des objets de la vie. Il les appelait des « ready-made », ce qui veut dire « tout fait ». Qu'est-ce que cette expression signifie selon vous ?

c D'après vous, que voulait montrer Marcel Duchamp en exposant des objets qui existaient déjà ?

5

4 Plus kitsch, tu meurs…

5 **une résidence** Wohnsitz
6 **choquant,e** schockierend
7 **de mauvais goût** geschmacklos
9 **juger** urteilen

En 2008, l'artiste américain Jeff Koons a fait une fois de plus scandale en exposant cette fois-ci ses sculptures kitsch et pop dans les jardins et appartements du Château de Versailles, résidence des rois de France. Un contraste choquant et de mauvais goût pour les uns, une exposition révolutionnaire et de génie pour les autres. A vous de juger !

Split-Rocker

Balloon Dog

→ Stratégies 5, p. 68

a Décrivez les œuvres de Jeff Koons. Puis, trouvez des mots pour les qualifier *(bezeichnen)*.

b En quoi cette exposition peut-elle être intéressante ou choquante ?

c D'après vous, quel était l'objectif de l'artiste ? Discutez-en en classe.

→ Discours indirect § 3, p. 86

envahir *ici :* überschwemmen
être respectueux, -euse de berücksichtigen

d Jeff Koons a répondu aux questions des journalistes. Mettez ses réponses au discours indirect.

Il a dit :	Il a répondu / a demandé aux journalistes
1. J'ai toujours été fasciné par Louis XIV.	qu'il avait toujours été fasciné par Louis XIV.
2. Nous avons respecté le Château de Versailles.	___
3. Je suis surpris par la polémique.	___
4. Nous n'allons pas envahir le château.	___
5. Marie-Antoinette aurait adoré.	___
6. En créant cette œuvre, je me suis imaginé le roi en train de regarder par la fenêtre.	___
7. Pour moi, il est important qu'une exposition soit respectueuse des lieux.	___
8. Je voudrais qu'on ait un sentiment d'harmonie.	___
9. Dans la chambre du roi se trouvera un portrait de Louis XIV.	___
10. Ne pensez-vous pas que Louis XIV aurait aimé ?	___

B La création au quotidien

1 Tout est design…

le design

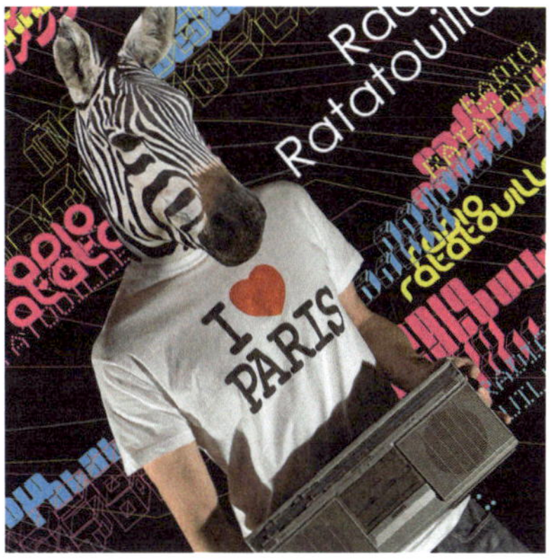

le graphisme

la mode

a Qu'ont en commun *(gemeinsam)* les motifs de ces trois illustrations ?

→ Stratégies 9, p. 72

b D'après vous, à quoi sert le premier objet ?

c Quelles sont les autres formes de création qui nous entourent *(umgeben)* dans la vie au quotidien ? Faites une liste.

2 Un monde d'objets

16

L'art, pour beaucoup d'entre nous, c'est avant tout la peinture, ou la sculpture, des œuvres qui traduisent une vision personnelle du monde : celle de chaque artiste. L'art, c'est de la création pure, sans autre but que l'expression d'un regard. Mais le design qui façonne notre environnement, s'il n'est pas art, est aussi un métier de création. (…)

Qu'est-ce que veut dire « design » ? Le mot vient du vieux français « desseing » qui signifie à la fois « dessin » et « dessein » (but). Faire du design, c'est dessiner dans un but précis, pour servir un usage : imaginer un couteau pour couper, une lampe pour éclairer, un vélo pour rouler… Le design est un univers de formes, de matières, de textures et de couleurs qui constitue une grande partie de notre cadre de vie. (…) Nous vivons tous avec des objets. Ils nous aident à accomplir des tâches quotidiennes. Ils nous facilitent la vie. (…)

Dans notre maison, combien y a-t-il d'objets ? Cent ? Mille ? Dix mille ? Nous pouvons essayer de les compter mais ce serait certainement très long ! Il y en a partout. Surtout dans notre chambre (même sous notre lit et derrière notre bureau). Si nous regardons très vite dans chaque pièce de la maison et que nous nommons quelques objets, cela pourrait donner : lampe, tapis, bureau, dentifrice, réfrigérateur, Cocotte-minute, aspirateur, chaussures, télévision ! Tout cela nous paraît bien naturel, nous les voyons tous les jours sans y penser, et pourtant ils sont là, près de nous, nous les touchons, nous les utilisons. (…)

Sur une feuille, si chacun de nous dessinait ce qu'il y a dans notre maison et dans notre rue, chaque dessin serait très différent : parce que nous n'avons pas tous les même objets, parce que nous n'habitons pas les mêmes endroits, ou parce que les choses que nous choisirions de montrer ne serait pas les mêmes. Il y a celles que nous aimons le plus, celles qui nous sont utiles… Nous portons tous un regard différent sur notre monde d'objets.

Claire Fayolle, *C'est quoi le design ?*, © Editions Autrement, 2002 (abrégé).

→ Stratégies 2, p. 65

a Lisez le texte sans vous arrêter sur les mots inconnus, puis donnez un titre à chaque paragraphe.

→ Stratégies 3, p. 66

b Utilisez un dictionnaire pour trouver le sens des mots inconnus.

→ Stratégies 9, p. 72

c Quelles sont les fonctions du design ? Cherchez des exemples concrets d'objets ou de motifs qui nous entourent. Utilisez un dictionnaire si nécessaire. Présentez ensuite vos résultats en classe. Travaillez en groupes.

d La forme, la matière et la couleur des objets qui vous entourent sont-elles importantes pour vous ? Est-ce qu'elles reflètent votre personnalité ? Discutez-en en classe.

3 C'est quoi ce look ?

17

3 **notamment** insbesondere
3 **différer** unterscheiden
6 **afficher** *ici :* zur Schau tragen
6 **affirmer** behaupten
7 **refléter** wiederspiegeln
8 **au contraire** im Gegenteil
10 **un,e jumeau,-elle** Zwilling
12 **ainsi** so
12 **dépendant,e** abhängig

Hip-hop, techno, geek, baba, rockeur, fluokid, punk, gothique, skateur, à chacun son style… Pour les ados, le look est très important car c'est avant tout une expression de soi. Le look dit notamment ce qu'on écoute, ce qui nous diffère des autres ados et il aide à construire sa personnalité. Pourtant, certains ados choisissent de ne pas avoir de look, comme Quentin qui se dit « no look ». Son style ? Ne pas en avoir ou du moins, c'est ce qu'il dit… Car s'il est fier de n'afficher aucun logo et affirme ne porter que des vêtements fonctionnels, sa façon de s'habiller reflète bel et bien sa personnalité, un look bien à lui : « Moi, ça m'intéresse pas de porter des marques. Au contraire, je n'ai pas envie de faire comme les autres pour me donner une image cool ou branchée. Je trouve que tout le monde se ressemble, on dirait qu'ils portent tous des uniformes ou qu'ils sont jumeaux ! Pour moi, les fringues servent avant tout à ne pas avoir froid et tout simplement à ne pas être nu ! En plus, je me sens plus libre ainsi, je ne suis pas dépendant des dernières modes et je ne dépense pas mon argent de poche inutilement… »

a Décrivez les trois looks ci-dessus *(oben)*. Quels sont les autres looks que vous connaissez ? Et comment définiriez-vous le vôtre ?

b Quelles sont les fonctions des vêtements ?

c Comprenez-vous Quentin qui dit se sentir plus libre parce qu'il ne suit pas la mode ?

→ Stratégies 9, p. 72

d Pensez-vous qu'il existe une « dictature » de la mode et qu'on juge trop facilement les gens sur leur apparence *(nach der äußeren Erscheinung urteilen)* ? Discutez-en classe.

C Et la musique ?

1 La diversité musicale en France

Olivia Ruiz

Justice

BB Brunes

Diam's

www

a Faites des recherches sur ces artistes sur Internet et dites quels types de musique ils produisent *(produzieren)*.

b Y a-t-il un style musical que vous préférez ? Si oui, lequel ou lesquels ?

→ Stratégies 6, p. 69; 16, p. 80

c Choisissez un de ces artistes ou groupes et faites son portrait. Présentez-le ensuite à votre classe. Vous pouvez travailler en groupes.

2 La *French touch*

18

1 **diffuser** *ici :* senden
2 **le dynamisme** Dynamik
3 **avoir tendance à** dazu neigen
6 **un masque** Maske
7 **un mythe** Mythos
12 **puisque** da
14 **courageux,-euse** mutig
14 **véritable** echt
14 **une radio** Radiosender
15 **d'expression française** französischsprachig
15 **un label** Musiklabel
16 **hésiter** zögern
16 **anglophone** englischsprachig
18 **le Concours Eurovision de la Chanson** Eurovision Song Contest
18 **nombreux,-euse** zahlreich
21 **renier** leugnen
23 **hexagonal,e** *ici :* französisch
24 **un,e citoyen,ne du monde** WeltbürgerIn
25 **un quota** Quote
26 **jusque-là** bis dahin

Jamais les radios n'avaient autant diffusé de chansons françaises qu'au cours de ces dernières années en France. Le dynamisme de la nouvelle chanson et le succès du hip-hop hexagonal ont eu tendance à faire oublier la musique électronique française qu'on appelle aujourd'hui la *French touch*. Depuis une dizaine d'années, cette nouvelle vague de DJ house et électro a en effet traversé les frontières et est devenue populaire à travers le monde. Figure charismatique de cette scène, Daft Punk. Toujours caché sous des masques de robot – les deux musiciens n'ont jamais montré leur visage –, ce duo a construit un mythe autour de sa musique. Le premier album *Homework* (1997), s'est vendu à des millions d'exemplaires et a fait connaître la *French touch* à travers le monde. En 2000, leur single *One more time* sera leur plus grand succès commercial (la chanson est vendue à plus de 4 millions d'exemplaires !) S'ils s'appellent Daft Punk, Air, Justice, David Guetta ou Bob Sinclar, peu de gens savent qu'ils sont en fait français puisqu'ils ont choisi de produire leurs chansons en anglais.

Un choix courageux et une véritable révolution puisque depuis 1994 la loi oblige les radios à jouer au minimum 40 % de chansons d'expression française. Les labels ont donc longtemps hésité à faire signer des artistes anglophones qui n'avaient que peu de chance de passer à la radio. Mais signe que les temps changent, Sébastien Tellier a représenté la France au Concours Eurovision de la Chanson 2008 avec une chanson en anglais. De nombreux hommes politiques avaient considéré à l'époque que ce choix était une menace pour la francophonie. Mais pour la chanteuse Camille, qui chante aussi bien en français qu'en anglais, « l'anglais fait partie du langage pop. (…) L'utiliser, ce n'est pas renier le français, c'est surtout voir comment on peut intégrer des éléments étrangers à notre propre culture. » Aujourd'hui, les artistes hexagonaux pop et rock, comme Phoenix ou Camille, ont de moins en moins peur de s'exprimer en anglais et se considèrent plus comme des citoyens du monde. L'arrivée d'Internet leur a d'ailleurs donné l'occasion de faire oublier ces quotas tout en leur permettant, eux qui s'exportaient peu jusque-là, de diffuser dans le monde entier leur « touche française ».

5

→ Stratégies 1, p. 64

a Lisez le texte et cochez les bonnes réponses.

1. Daft Punk est l'un des groupes français les plus populaires,	
mais on ne pourrait pas les reconnaître dans la rue.	☐
mais ils ont vendu peu d'albums dans le monde entier.	☐
mais ils ne sont connus qu'en France.	☐
2. On ne sait pas toujours que ces artistes sont français	
parce que les DJ ne chantent pas.	☐
parce qu'ils enregistrent des disques en français.	☐
parce que leurs chansons sont chantées en anglais.	☐
3. Les radios françaises passent beaucoup de musique française	
parce qu'ils sont courageux.	☐
parce que la loi les oblige.	☐
parce que les labels font signer des artistes d'expression française.	☐
4. Le Concours Eurovision de 2008 a été une révolution :	
les hommes politiques ont accepté que la France soit représentée en anglais.	☐
un artiste français a chanté pour la première fois une chanson anglophone.	☐
les hommes politiques ont menacé *(bedroht)* de ne pas participer à l'Eurovision.	☐
5. Comme la chanteuse Camille, les artistes français	
n'ont plus peur de renier le français.	☐
ne veulent plus intégrer des éléments anglais dans leurs chansons.	☐
se voient comme des citoyens du monde.	☐
6. Internet a changé la situation des artistes de la *French touch* :	
ils peuvent diffuser leur musique sans quotas.	☐
ils ont l'occasion de diffuser leurs chansons en France.	☐
il est devenu difficile pour eux d'exporter leur musique.	☐

→ Stratégies 9, p. 72

b La loi sur les quotas oblige les radios françaises à diffuser un minimum de 40 % de chansons francophones, dont la moitié au moins de nouveaux talents. Que pensez-vous d'une loi qui obligerait les radios à jouer 40 % de musique produite en allemand ?
Cherchez les inconvénients et les avantages de ce type de loi. Travaillez en groupes.

→ Subjonctif § 2, p. 85

c Craignez-vous aussi que l'anglais soit une menace pour nos cultures ou est-ce une chance que les artistes français ou allemands puissent chanter dans cette langue ? Discutez-en en classe.

→ Passif § 4, p. 86

d Mettez les phrases suivantes à la forme active.

forme active	**forme passive**
1. Jamais les radios n'avaient autant diffusé de chansons françaises.	______________________
2. Ce duo a construit un véritable mythe autour de sa musique.	______________________
3. *Homework* s'est vendu à des millions d'exemplaires.	______________________
4. Cette nouvelle vague de DJ a traversé les frontières.	______________________
5. On peut intégrer des éléments étrangers à notre propre culture.	______________________

3 Profession clippeur

1 **un film publicitaire** Werbefilm
2 **être destiné,e à** dafür bestimmt sein
3 **original,e** originell
3 **un clippeur** Musik-video-Regisseur
5 **un long-métrage** Kinofilm

→ Stratégies 5, p. 68

Depuis les années 1980, le clip vidéo fait partie de notre vie quotidienne. Petits films publicitaires destinés à faire vendre la musique des artistes, ce sont parfois de vrais films d'art originaux. Michel Gondry est un des « clippeurs » français les plus connus dans le monde. Il a tourné des clips pour les White Stripes, Kanye West ou encore les Rolling Stones. Il est également réalisateur de longs-métrages.

a Regardez sur Internet la vidéo de Jean-Francois Coen « La Tour de Pise », puis dites si elle vous plaît et pourquoi.

b Comment cette vidéo a-t-elle été faite ? Quels sont les procédés *(Verfahren)* utilisés par Michel Gondry ?

c Regardez à nouveau la vidéo et corrigez les fautes qui apparaissent dans le texte de la chanson.

4 Ma musique, c'est moi.

08

→ Stratégies 8, p. 71

a Ecoutez les témoignages de trois jeunes sur leur relation à la musique, puis complétez la grille.

	Témoignage 1	Témoignage 2	Témoignage 3
Prénom, âge			
Goûts musicaux			
Instrument(s) joué(s)			
Son expérience musicale			
Son rêve			

→ Stratégies 15, p. 79

b Un ami allemand vous demande de lui résumer ce que ces trois adolescents français ont raconté sur leur passion de la musique. Résumez-lui en allemand un de ces témoignages.

6

Métier de garçon, métier de fille ? Comment trouver un stage ?
Rendez-vous avec un conseiller d'orientation
Vous êtes lycéen(e) et vous voulez partir en Afrique en voyage humanitaire ?
Quand je serai grande, je serai journaliste...

Parmi ces trois premières expériences professionnelles, laquelle vous attire le plus ?
Comment imaginez-vous votre avenir professionnel ?

Vers le monde du travail

A Choisir un métier

1 Je voudrais un boulot cool !

prestigieux,-ieuse angesehen

n'importe quel,le irgendeine,r

pourvu que sofern

un,e conseiller,-ière d'orientation BerufsberaterIn

→ Stratégies 6, p. 69

a Faites le portrait des quatre jeunes de cette planche de BD et décrivez leur attitude.

b Expliquez la réaction du conseiller d'orientation et dites pourquoi la BD est drôle.

6

2 Le conseiller d'orientation

→ Stratégies 15, p. 79
→ Stratégies 3, p. 66

a Résumez l'information du texte ci-dessous *(unten)* à un copain allemand qui ne parle pas français. Utilisez un dictionnaire si nécessaire.

b Puis, expliquez à un jeune Français comment et où vous vous informez sur votre avenir *(Zukunft)* professionnel.

Le conseiller d'orientation a suivi des études de psychologie à l'université et une préparation de deux ans à son métier. Il travaille dans les collèges, les lycées et les universités et également dans des centres régionaux (CIO : Centre d'information et d'orientation) où il peut disposer d'une large documentation. Il aide les jeunes du collège à l'université dans leur orientation scolaire (choisir le type de lycée, de bac), puis professionnelle (choisir une formation, des études, le lieu), mais il s'occupe aussi de ceux qui quittent l'école prématurément. Il donne les informations nécessaires aux parents et aux élèves, mais il est surtout là pour des entretiens individuels.

3 Faire le bon choix

→ Stratégies 9, p. 72

a Travail coopératif : Mettez vous à 4 autour d'une table et travaillez sur une feuille de format A3. Quels sont pour vous les critères *(Beurteilungskriterium)* pour le choix d'un métier ? Réfléchissez d'abord seul(e) et notez en 3 minutes le plus de critères possibles sur votre partie de la feuille. Comparez ensuite vos réponses avec celles de vos camarades. Mettez les réponses en commun et classez ensemble les critères selon leur importance. Présentez ensuite votre résultat devant la classe. N'oubliez pas de justifier votre classement.

b Regardez la liste des métiers sur la page suivante. Quel serait le métier de vos rêves et celui que vous n'aimeriez pas faire ? Présentez les avantages et inconvénients de ces deux choix.

	☹	☺
Métier		
Avantages		
Inconvénients		

4 Les métiers de rêve des 18-25 ans en France

19

renouvelable erneuerbar

un,e vétérinaire Tierarzt/-ärtzin

un,e infirmier,-ière Krankenpfleger/-schwester

un chasseur de trésor Schatzjäger

un,e généalogiste AhnenforscherIn

un,e viticulteur,-trice WinzerIn

un,e pédiatre Kinderarzt/-ärtzin

1 acteur
2 journaliste reporter d'images
3 ambassadeur
4 chanteur
5 pilote de ligne
6 chef de projet énergie renouvelable
7 manager de projet culturel
8 eMarketer
9 vétérinaire
10 manager d'hôtel à l'international
11 infirmière
12 chasseur de trésor
13 généalogiste
14 professeur des écoles
15 viticulteur
16 manager de restaurant
17 game designer
18 chargé(e) de communication à l'international
19 écrivain pour enfants
20 pédiatre

Le top 100 des métiers incroyables des 18–25 ans

2 **le suffrage** (Wahl-)Stimme
2 **tandis que** während
4 **un baroudeur** Haudegen
5 **séduire** locken
10 **le développement durable** nachhaltige Entwicklung
12 **un,e sommelier,-ière** WeinkellnerIn
14 **incontournable** unumgänglich
15 **un pompier** Feuerwehrmann
15 **un lieutenant de police** Polizeiinspektor
17 **un ancêtre** Ahne

Les grands gagnants : Envie de célébrité, d'argent ou passion artistique ? Le métier d'acteur a le plus grand nombre de suffrages et se positionne en tête de ce top 100 (1er) tandis que le chanteur occupe la 4ème position. La profession de journaliste reporter d'images occupe la 2ème position. C'est avant tout le goût de l'aventure, l'image du baroudeur présent sur tous les points chauds de la planète qui séduit les jeunes plus que l'envie de l'information. En effet, le journaliste de la presse écrite et web n'occupe que la 76ème position. Enfin, l'ambassadeur ne perd rien de son prestige (3ème) tout comme le pilote de ligne (5ème).
Les surprises : Le métier de chef de projet énergie renouvelable occupe la 6ème position. Un choix qui prouve une certaine sensibilisation à la protection de l'environnement. Pourtant, les métiers de responsable environnement et responsable développement durable arrivent loin derrière en 61ème et 62ème position. Les métiers du vin séduisent la jeune génération. Le viticulteur arrive à la 15ème place tandis que le sommelier est élu à la 27ème.
Les incontournables : S'ils font rêver les tout-petits, les métiers d'infirmière (11ème), de professeur des écoles (14ème), de pompier (23ème), de fleuriste (39ème) ou de lieutenant de police (45ème) occupent encore des bonnes places dans le cœur des 18-25 ans.
Les originaux : Chasseur de trésor (12ème place) ou chasseur d'ancêtres avec le métier de généalogiste (13ème place). C'est enfin une profession peu commune qui termine cette liste : l'hypnotiseur !

→ Stratégies 5, p. 68
a Décrivez la caricature ci-dessus *(oben)*. Formulez son message.

→ Stratégies 2, p. 65
b En regardant ce sondage, qu'est-ce qu'on peut constater ? Etes-vous surpris(e) par ces choix ? Comment expliquez-vous le choix de certains métiers insolites *(ungewöhnlich)* ?

→ Stratégies 7, p. 70
c Faites un sondage dans votre classe ou dans votre école sur les métiers préférés de vos camarades. Présentez vos résultats sous forme de tableau et commentez-les.

→ Conditionnel § 8, p. 91
d Choisissez 10 métiers dans la liste ci-dessus. Imaginez votre vie si vous faisiez ces métiers. Faites des phrases en commençant par « si j'étais, je… ».

5 Métier de garçon, métier de fille

09

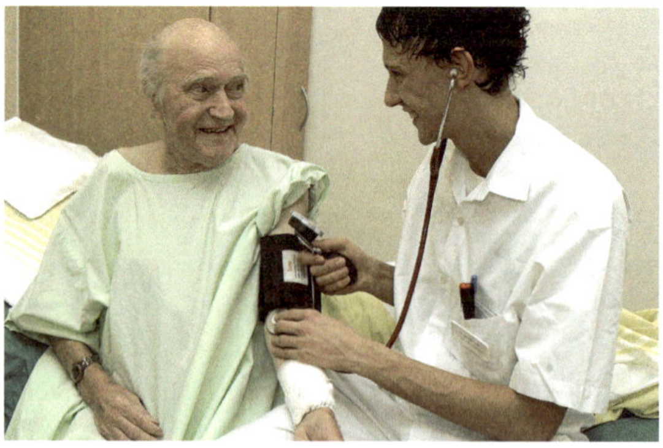

a Quels sont pour vous les métiers typiquement masculins ou typiquement féminins ?

→ Stratégies 8, p. 71

b Ecoutez l'interview de Mme Robert, conseillère d'orientation, et dites si les phrases suivantes sont vraies ou fausses. Regarder d'abord la liste des mots de vocabulaire à gauche.

un comportement Verhalten
un bac littéraire *Abitur mit Schwerpunkt Literatur*
une formation Ausbildung
paramédical,e *in Bezug auf medizinische Hilfsberufe*
les études *f.* Studium
une filière Studiengang
un bâtiment Baugewerbe
un regard Blick
mixte gemischt
concilier *ici* : vereinbaren
une réussite Erfolg
collaborer zusammenarbeiten
un enrichissement Bereicherung
avoir tendance à dazu neigen
un bébé Baby
un salaire Lohn

	Vrai	Faux
1. Les garçons ont des meilleurs résultats scolaires.	☐	☐
2. Les 3/4 des étudiants en langues et littérature sont des filles.	☐	☐
3. Les métiers sociaux comptent autant de femmes que d'hommes.	☐	☐
4. Les parents n'encouragent pas les filles à faire un métier technique.	☐	☐
5. Certains métiers ont gardé une image masculine parce qu'ils étaient longtemps fermés aux femmes.	☐	☐
6. Les femmes ont un plus grand risque de chômage que les hommes.	☐	☐
7. Les salaires sont plus intéressants dans les « métiers d'homme ».	☐	☐
8. Si une femme veut faire carrière, elle doit éviter un « métier d'homme ».	☐	☐
9. Dans les entreprises, on essaie de ne pas avoir des équipes mixtes.	☐	☐
10. Il est plus difficile d'avoir une vie de famille quand on fait un « métier d'homme ».	☐	☐
11. Les entreprises offrent aux filles des stages pour qu'elles puissent connaître des métiers traditionnellement masculins.	☐	☐
12. Les garçons qui s'intéressent aux « métiers de femmes » n'ont aucun problème.	☐	☐

c Mme Robert dit qu'il n'y a pas de « métiers d'hommes et de métiers de femmes, mais une façon féminine ou masculine de faire un métier ». Etes-vous d'accord ?

d Trouvez les noms et les verbes de la même famille.

nom	verbe	verbe	nom
______	changer	______	une formation
le comportement	______	choisir	______
______	comprendre	______	une réussite
les études	______	discuter	______

6 Les étapes du choix

→ Propositions infinitives § 7, p. 89

Reliez les phrases en utilisant une proposition infinitive avec « pour, sans, avant de, après ».

Exemple : Informez-vous sur les métiers. Prenez votre décision après.
→ Informez-vous sur les métiers avant de prendre votre décision.

1. Regardez les statistiques de l'emploi. Vous ne voulez pas finir au chômage.	
2. Eliminez *(beseitigen)* les métiers que vous ne voulez absolument pas faire. Après, vous verrez plus clair.	
3. Faites un test de personnalité. Vous allez mieux connaître vos points forts et vos points faibles.	
4. Faites une liste avec vos traits de caractère. Il ne faut pas oublier vos défauts.	
5. Demandez à vos parents et à vos amis de faire votre portrait. Ainsi, vous pouvez compléter cette liste.	
6. Notez toutes vos questions. Puis, allez voir un conseiller d'orientation.	
7. Ecoutez ses conseils. N'attendez pas trop de cette première rencontre.	
8. Réfléchissez à ses propositions. Ensuite, n'hésitez pas à le revoir une deuxième ou troisième fois.	
9. Contactez aussi une personne qui exerce déjà le métier de vos rêves. Vous aurez ainsi des informations utiles.	
10. Cherchez un job d'été. Ainsi, vous vous confronterez à la réalité de la vie.	

B Premiers pas : faire un stage

20

la coiffure Frisur

5 **un,e handicapé,e** ein,e Behinderte,r

8 **s'exclamer** aufschreien

10 **s'adresser à qn** sich an jdn wenden

11 **grommeler** brummen

13 **singer** nachäffen

13 **un entretien d'embauche** Einstellungsgespräch

14 **négligé,e** nachlässig, schlampig

15 **meubler** *ici :* füllen

15 **ricaner** hämisch grinsen

15 **un,e chirurgien,ne** ChirurgIn

17 **Bonne-Maman** *ici :* Oma

18 **dégoter** *(fam.)* auftreiben

22 **écarquiller les yeux** die Augen aufreißen

26 **sot,te** dumm

26 **la boulange** *(fam.)* Bäckerei

28 **faire semblant de** so tun als ob …

28 **une enseigne** Ladenschild

33 **grogner** brummen

34 **redouter** (be)fürchten

34 **un accès d'humeur** Anfall schlechter Laune

35 **loufoque** verrückt

37 **balayer** fegen

37 **rester debout** stehen

37 **élever qn dans un cocon** jdn. überbehüten

41 **le travail manuel** Handwerk

41 **la vertu** *ici :* positive Wirkung

41 **approuver** zustimmen

42 **la pitié** Mitleid

44 **ramer** *(fam.)* sich abstrampeln

46 **un sursaut** *ici :* Anwandlung

47 **trier** ordnen

47 **tapisser** bedecken

48 **s'enfoncer dans** versinken in

48 **un marécage** Sumpf

1 Maïté Coiffure

Marie-Aude Murail, née en 1954, mère de trois enfants, écrit depuis plus de 20 ans pour les jeunes de 7 à 16 ans et est devenue une des auteures françaises les plus connues. Dans ses livres, elle parle des problèmes de société, tels que l'homosexualité (« Oh boy ! ») et la vie avec un handicapé (« Simple »). Certains de ses livres ont eu des prix et ont été traduits dans d'autres langues dont l'allemand.

– Un stage ! s'exclama M. Feyrières. Mais qu'est-ce que c'est encore que ces inventions ? (…) Un stage de quoi d'abord ? Il s'adressait à son fils à l'autre bout de la table.
– Mais j'en sais rien, grommela Louis. C'est à nous de trouver, qu'elle a dit, la prof.
– Qu'elle a dit, la prof, le singea son père. Tu crois que tu brilleras à un entretien d'embauche avec une syntaxe aussi négligée ? (…)
Monsieur Feyrières ricana. Lui, il était chirurgien. Bel homme, la voix forte, il meublait à lui seul toute la salle à manger. Pourtant, il y avait quatre autres personnes à table, Floriane, sept ans, Louis, quatorze ans, madame Feyrières et Bonne-Maman.
– Si c'est qu'une affaire d'une semaine, dit cette dernière, je pourrais peut-être lui dégoter quelque chose. (…)
– J'ai ma coiffeuse qui prend des apprentis, poursuivit Bonne-Maman. Un stagiaire, c'est pas très différent.
Monsieur Feyrières écarquilla les yeux.
– Un stage de coiffure ? Pour Louis ? (…)
Madame Feyrières (…) se tourna vers sa mère.
– Tu sais, maman, je ne vois pas trop ce que Louis ferait dans un salon de coiffure.
– Y a pas de sot métier, répliqua Bonne-Maman qui avait commencé dans la boulange à seize ans.
– Ça serait superbe, ricana M. Feyrières en faisant semblant d'admirer une enseigne sur le mur opposé : « LOUIS, coiffeur pour dames ».
Mais comme personne n'avait d'autre idée de stage, Bonne-Maman promit d'en parler à Maïté, la patronne du salon.
– Ça ne t'ennuie pas ? s'inquiéta Mme Feyrières.
– M'est égal, grogna Louis.

Une fois dans la chambre à coucher, madame Feyrières redoutait un accès d'humeur de son mari. Il allait sûrement se plaindre des idées loufoques de Bonne-Maman.
– Dans le fond, dit-il (…), ce n'est pas une mauvaise chose, ce stage. Louis va apprendre ce que c'est le travail, balayer, ranger, rester des heures debout. Tu l'élèves dans un cocon, ce gosse. Il est temps qu'il découvre le principe de réalité !
Monsieur Feyrières parlait fort, avec de grands gestes, comme s'il était entouré de ses étudiants.
– Le travail manuel a ses vertus, approuva sa femme d'une petite voix.
Monsieur Feyrières lui jeta un regard de pitié :
– Oui, la vertu de vous faire comprendre que vous avez intérêt à poursuivre vos études.
Dans sa chambre, Louis pensait précisément à ses études. Il ramait en maths, ne comprenait pas ce que lui voulait la prof de français, s'endormait en allemand. De temps en temps, il avait un sursaut, un peu par amour-propre, un peu parce qu'il avait peur de son père. Il triait les devoirs et les photocopies qui tapissaient le fond de son sac à dos. Puis il s'enfonçait de nouveau dans un marécage de rêves et d'idées confuses. (…)

Marie-Aude Murail, *Maïté Coiffure*, © Ecole des loisirs, 2004 (abrégé).

→ Stratégies 1, p. 64

a Lisez le début du roman « Maïté coiffure » sorti en 2004. Résumez ensuite l'histoire en quelques phrases.

→ Stratégies 6, p. 69

b Relisez le texte une deuxième fois et relevez les phrases qui caractérisent les personnalités de Louis et de monsieur Feyrières. Quelle est leur attitude face à ce stage ? Faites ensuite en petits groupes leurs portraits.

→ Stratégies 9, p. 72

c Bonne-Maman dit : « Y a pas de sot métier ». Monsieur Feyrières : « Le travail manuel a (…) la vertu de vous faire comprendre que vous avez intérêt à poursuivre vos études. » Choisissez une des deux phrases et cherchez des arguments pour la justifier. Discutez-en ensuite en classe.

→ Stratégies 11, p. 74

d Imaginez en 150 mots la suite de l'histoire.

2 Postuler pour un stage ou un job

Profiter des vacances pour faire une première expérience professionnelle dans un pays francophone ? Améliorer *(verbessern)* son niveau de français tout en gagnant un peu d'argent de poche ? C'est possible si on cherche des stages en France. Des sites Internet comme p. ex. celui de l'OFAJ proposent des petites annonces.

Camping à la Belle Etoile
(19160 Neuvic en Corrèze)
Perfectionnez votre langue
stage service restaurant, bar, animation, accueil
logé / nourri, 400 € / mois.
stage de 6 à 9 semaines entre juin et septembre
Envoyer candidature et CV à :
Mme Maillet, 35, route du lac, 19160 Neuvic

Famille française vivant à Lyon cherche jeune fille **au pair** du **15 juillet au 30 août**. Elle devra s'occuper de nos deux enfants de 4 et 7 ans et nous accompagner pendant 3 semaines dans notre maison de vacances en Bretagne.
Ecrire à Mme Nadine Roussel
84, boulevard Pasteur 69365 Lyon ou cliquer ici pour envoyer un mail.

CHANTIER HUMANITAIRE AU TOGO
Vous êtes lycéen(e) et vous voulez partir en Afrique en voyage humanitaire pour vous rendre utile au profit d'une communauté, d'un village, d'une école, d'un enfant, vous souhaitez vivement découvrir l'Afrique…
L'association « Un monde solidaire » vous propose des missions de chantiers dans des domaines variés : Education, santé, environnement, agriculture,…
Frais de participation à la charge du volontaire
Aucune qualification professionnelle n'est exigée et tout le monde peut participer à condition d'être motivé(e) et d'avoir au moins 18 ans ou une autorisation parentale.

Contactez-nous sur notre site Internet.

Viticulteur cherche saisonniers à partir de 17 ans pour les ***vendanges*** *mi-août à fin septembre.*
8 € /heure, logé/nourri. Contacter M. Bernard Fournier, rue du canal, 66602 Rivesaltes

→ Stratégies 3, p. 66

a Lisez les annonces en vous servant d'un dictionnaire si nécessaire. Relevez les mots qui font partie du vocabulaire de l'emploi et du stage.

→ Stratégies 13 - 14, pp. 77 - 78

b Choisissez l'annonce qui vous intéresse et écrivez une lettre de candidature pour cette offre d'emploi. Rédigez également votre CV.

3 Préparer un entretien d'embauche

→ Subjonctif § 2, p. 85

a Votre candidature pour un stage a été retenue *(annehmen)* et on vous invite à un entretien. Pour mieux vous y préparer, vous demandez conseil aux gens de votre famille et à vos amis. Voici la liste des conseils qu'ils vous donnent. Faites des phrases en commençant par exemple par :
Il (ne) faut (pas) que tu…
Il est important que tu…

2 **ponctuel,le** pünktlich
7 **poli,e** höflich
8 **tutoyer** duzen
8 **un recruteur** Personal-beraterIn
9 **mâcher** kauen
13 **avoir de l'assurance** *f.* selbstbewußt sein

- prendre des renseignements sur l'entreprise et l'emploi
- être ponctuel
- faire attention à son look
- être habillé correctement
- ne pas prendre place avant d'y être invité
- attendre qu'on vous pose des questions
- répondre poliment aux questions
- ne pas tutoyer le recruteur, même s'il est très jeune
- ne pas mâcher du chewing-gum pendant l'entretien
- ne jamais devenir agressif
- savoir garder le sourire
- ne pas être trop nerveux
- avoir de l'assurance
- faire comprendre qu'on est le meilleur candidat pour le poste

→ Stratégies 5, p. 68

b Décrivez le dessin ci-dessus *(oben)* et imaginez la réponse du recruteur.

→ Conditionnel passé § 8, p. 91

c Quels sont les conseils que vous auriez donnés à cette candidate ?

4 Bonjour, je viens pour l'annonce…

Travaillez à deux. Préparez un jeu de rôle. L'un prend le rôle du recruteur, l'autre est le candidat. Écrivez ensemble l'entretien, puis jouez-le devant la classe.
Mettez-vous d'accord sur les questions suivantes :

- Pour quel emploi / stage le candidat postule-t-il *(sich bewerben)* ?
- Quelles sont les questions typiques d'un recruteur ?
- Quelles sont les questions que le candidat peut poser pour montrer son intérêt ?
- L'entretien se passe-t-il bien ou mal ?
- Le candidat va-t-il avoir le poste ou non ?

Voici quelques mots que vous pouvez utiliser pour préparer votre jeu de rôle :

les perspectives de carrière, les projets d'avenir, le salaire, les heures de travail, les congés payés *(bezahlter Urlaub)*, la formation, les études (universitaires), les diplômes, la situation familiale, la mobilité, l'expérience professionnelle, le travail en équipe, l'ambition *(Ehrgeiz)*, les points forts, les points faibles, les connaissances (en langues, en informatique), les stages, les séjours à l'étranger, le travail à temps partiel *(Teilzeit)*, à temps plein *(Vollzeit)*

Les stratégies

Auf den folgenden Seiten finden Sie eine Zusammenstellung der wesentlichen „Strategien“ zu den fünf kommunikativen Kompetenzen (Lesen, Hören, Schreiben, Sprechen, Mitteln). Diese Seiten sind als kontinuierliches Nachschlagewerk gedacht, das Sie auf dem Weg in die Oberstufe begleiten wird. Weiterhin finden Sie Hinweise und Tipps zur Vorgehensweise, die Ihnen helfen, die wichtigsten Aufgabenstellungen zu bewältigen. Die „On dit“-Kästen (blau unterlegt) sollen Ihnen das nötige Vokabular an die Hand geben, um die geforderten Arbeitsanweisungen sprachlich erfüllen zu können.

1 Comment lire et comprendre un texte nouveau ?
Wie kann ich mit unbekannten Texten umgehen?

Am Ende der Sek. I arbeiten Sie zunehmend mit authentischen oder leicht adaptierten Texten. Bis zu diesem Zeitpunkt verfügen Sie über einen eher begrenzten Wortschatz. Deshalb werden Sie in den authentischen Texten auf viele unbekannte Wörter stoßen. Wie können Sie nun strategisch vorgehen, um nicht gleich an den Klippen des unbekannten Vokabulars zu scheitern und gleichzeitig den Inhalt des Textes und seine wesentlichen Aussagen zu verstehen?

1. **Schauen Sie sich den Titel des Textes genau an.** Oft ermöglicht er Ihnen schon eine grobe Vorstellung vom Inhalt des Textes. Gleichzeitig entwickeln Sie aufgrund Ihrer Vorerfahrung automatisch Vorstellungen zu dem Thema, die Ihnen das Verständnis des Textes erleichtern werden.

2. **Überfliegen Sie den Text** dann, indem Sie jeweils den ersten und letzten Satz eines Abschnitts und den letzten Abschnitt des Textes ganz durchlesen. Meist haben Sie dann schon eine erste Vorstellung vom Thema des Textes.

3. **Lesen Sie dann den Text als ganzes** durch. Werfen Sie nicht gleich die Flinte ins Korn, wenn in den ersten zwei drei Sätzen schon einige Ihnen unbekannte Wörter vorkommen. Das ist völlig normal. Sie müssen nur den Mut haben, über diese unbekannten Wörter hinweg zu gehen und den Text bis zum Ende zügig durchzulesen. Dabei wird Ihnen auffallen, dass Sie die grobe Aussage des Textes auch ohne Kenntnis der unbekannten Wörter verstehen werden. Viele Wörter erschließen sich jetzt aufgrund des Verständnisses des Gesamtzusammenhangs.

Sie wissen nun, wovon die Rede ist, und sofort assoziieren Sie viele Wörter und Ideen zu dem Thema, die Sie aus dem Deutschen und möglicherweise auch schon aus dem Französischen kennen. Viele unbekannte Wörter können Sie zum Beispiel aus dem Kontext erschließen oder aufgrund ihrer Ähnlichkeit zu Wörtern aus einer anderen Sprache (siehe *„Wie kann ich unbekannte Wörter erschließen?“*, S. 65).

4. **Markieren Sie den Text.** In der Schule sprechen Sie meist intensiv über die vorgelegten Texte. Um auf Fragen des Lehrers auch schnell antworten zu können, brauchen Sie einen konsequenten Zugriff auf Textdetails. Das können Sie am besten erreichen, wenn Sie dem Text durch eine wohl überlegte **Markierungstechnik** ein **Profil** geben.

Wie kann man sich das vorstellen? Markieren Sie die aus Ihrer Sicht wichtigen Begriffe mit Textmarkern. Dabei sollten Sie sich eine für alle Texte gleiche Farbgebung überlegen.
Zum Beispiel:

Mit **blau** markieren Sie immer Personen.
Mit **rot** markieren Sie die wichtigsten Schlüsselbegriffe.
Mit **grün** markieren Sie den Schlüsselbegriffen unter- und zugeordnete Aspekte.
Sie können auch mit **Unterstreichen, Unterschlängeln, Einkreisen** oder **Einkasteln** arbeiten.

Wichtig:
Unterstreichen Sie oder markieren Sie nur in absoluten Ausnahmefällen ganze Sätze oder Passagen. Sonst hebt sich die hervorhebende und damit strukturierende Wirkung der Markierungen wieder auf. Konzentrieren Sie sich auf **einzelne Begriffe oder Wörter**! Die **Bezüge** (Gegensätze, Entsprechungen, Ergänzungen, Beispiele) zwischen Textpassagen oder Schlüsselbegriffen können Sie durch **Pfeile** oder **Verbindungslinien** markieren.

2 Comment retrouver le sens des mots inconnus ?
Wie kann ich unbekannte Wörter erschließen?

1. Rückgriff auf andere Sprachen (Internationalismen)
Das französische Wort hat in vielen Fällen in etwa dieselbe Bedeutung wie in der anderen Sprache:
la description = the description ; tragique = tragic = tragisch
Aber:
Es gibt auch die Falle der „faux amis" – der falschen Freunde:
delikat *(lecker)* ≠ délicat *(heikel)* brav *(nett, anständig)* ≠ brave *(mutig, tapfer)*

2. Ableitung aus derselben Wortfamilie
la descente < descendre ; la montée < monter

3. Ableitung von Wortendungen und Präfixen (Vorsilben)

-tion / -ion	préparer expliquer discuter	la préparation l'explication la discussion	Diese Nomen sind feminin.
-ment	s'engager déménager	l'engagement le déménagement	Diese Nomen sind maskulin.
-age	nettoyer	le nettoyage	
-eur / -euse	vendre	le vendeur / la vendeuse	Diese Endungen bezeichnen die handelnde Person.

Präfixe, die Größe, Intensität oder Übertreibung ausdrücken:
super- un supermarché **hyper-** hyperactif **ultra-** ultramoderne **sur-** surproduction
Präfixe, die das Gegenteil oder einen Mangel ausdrücken:
dé- / dés- / dis- → **dé**régulation **dés**accord **dis**harmonie

Präfixe, die bei Verben eine Wiederholung ausdrücken:
re- / r- / ré → **re**faire **re**lire **r**attraper **ré**agir

Präfixe, die bei Adjektiven das Gegenteil ausdrücken:
in- / im- / il- / ir- → **in**correct **in**juste **im**possible **il**lisible **ir**responsable

4. Erschließung von zusammengesetzten Wörtern aus den einzelnen Elementen
une auto-école ; une boîte aux lettres ; un ouvre-bouteille ; un chef d'orchestre

5. Erschließung aus dem Kontext
Manchmal reicht auch der **Kontext** im Zusammenspiel mit den oben genannten Techniken, um die Bedeutung eines einzelnen Wortes zu verstehen:
Les députés ont voté hier l'interdiction de la vente d'alcool aux moins de 18 ans.

3 Comment travailler avec un dictionnaire ?
Wie kann ich mit dem Wörterbuch arbeiten?

Ein Wörterbuch kann ein guter Helfer sein, wenn man sich die Mühe macht, sorgfältig zu suchen und wenn man gelernt hat, es sachgerecht zu nutzen. Folgende Hinweise helfen Ihnen dabei. Punkte 3, 4 und 5 können Ihnen auch bei digitalen Wörterbüchern behilflich sein.

Bei der Arbeit mit authentischen Texten wird es häufiger vorkommen, dass Sie auf Wörter stoßen, die Ihnen unbekannt sind. Bevor Sie zu einem Wörterbuch greifen, sollten Sie erst einmal versuchen, die auf S. 65 vorgestellten **Erschließungstechniken** zu nutzen.
Helfen diese Techniken nicht weiter, ist der Griff zum Wörterbuch angeraten. Sie werden zunächst mit dem **zweisprachigen Wörterbuch** arbeiten.
Die Anwendung bestimmter Techniken ist in diesem Zusammenhang sehr hilfreich.
Dazu im Folgenden einige Vorschläge.

1. Machen Sie sich vertraut mit der **alphabetischen Reihenfolge** der Einträge. Oft entscheidet erst der 3. oder 4. Buchstabe über den Standort innerhalb der alphabetischen Reihenfolge. Diese Besonderheit sollten Sie kennen, um sich bei der Suche nach entsprechenden Einträgen schnell zurechtzufinden.

2. Die **Kolumnentitel** (es handelt sich jeweils um das erste und letzte Wort auf einer Wörterbuchseite) stehen oben auf der Seite eines Wörterbuchs und dienen der schnellen Orientierung. Allerdings müssen Sie das Alphabet gut beherrschen, damit Sie diese wirklich zur Orientierung nutzen können.
Auf einer Seite stehen die beiden Kolumnentitel.

oreiller	orienter

Welche der in der folgenden Übersicht aufgeführten Wörter stehen auf dieser Seite, welche nicht? Kreisen Sie die Wörter ein, die NICHT auf dieser Seite stehen können.

oreille	organigramme	osciller	organisation
orienter	ordure	orgue	optique
orner	organique	oreillons	original

Lösung = oreille, orner, ordure, osciller, optique, original

3. Machen Sie sich vertraut mit den **Abkürzungen und Zahlen** innerhalb eines **Stichwortartikels**. Sie dienen dazu, sich innerhalb des Artikels schneller zurechtzufinden. In allen neueren Wörterbüchern finden Sie vorne eine erläuternde Übersicht über die verwandten Abkürzungen.

4. Besonders hilfreich ist das Wörterbuch bei der Übersetzung von typischen **Redewendungen** wie „jemandem den Rücken stärken", „zu Kreuze kriechen", „auf tönernen Füßen stehen" usw. ... Hüten Sie sich davor, sie „wörtlich" zu übersetzen, das geht garantiert schief. Wie aber findet man diese Redewendungen? Sie finden sie in der Regel, wenn Sie von dem Nomen der deutschen Redewendung ausgehen.
Beispiele:
Jemandem in den **Rücken** fallen → poignarder qn dans le dos
Jemanden beim **Wort** nehmen → prendre qn au mot

5. Eine besondere Gefahr bei der Arbeit mit dem Wörterbuch besteht darin, dass man aus Bequemlichkeit oder Zeitnot die erstbeste Übersetzung nutzt. Doch nicht jede Übersetzung passt auch in den jeweiligen textlichen Zusammenhang.

Beispiel:
Er steckt mit ihm unter einer ***Decke****.* → Il **est de mèche avec** lui. (*die Decke* > la couverture)
Darüber hinaus finden Sie in vielen Wörterbüchern **weitere nützliche Angebote**. Sie sollten sie sich einmal anschauen, damit Sie im Bedarfsfall auf sie zurückgreifen können.

1. **Verbtabellen**
Hier werden alle Typen der regelmäßigen Verben in allen Zeiten und Modi vorgestellt.

2. **Die unregelmäßigen Verben**
Hier finden Sie eine alphabetische Auflistung aller französischen unregelmäßigen Verben in allen Zeiten und Modi.

3. **Übersicht über die französischen Namen der deutschen Bundesländer**

4. **Übersichten über Grund- und Ordnungszahlen**

5. **Übersicht über Maße und Gewichte**

6. **Übersicht über die Uhrzeiten**

7. **Hilfen zum Kommunizieren per E-Mail, Telefon oder Brief**
Hier finden Sie viele Musterbriefe und eine Übersicht über typische Floskeln.

8. **Karten von Frankreich, Belgien, Deutschland, Österreich und der Schweiz sowie der frankophonen Welt**

9. **Bildübersichten über konkrete Gegenstände des täglichen Lebens**

4 Comment et pourquoi faire son « dico personnel » ?
Wozu dient mir mein ganz persönliches Wörterbuch?

Im Laufe Ihrer Arbeit mit *Découvertes* haben Sie bereits viele Wörter gelernt, die aber nicht immer all das abdecken, was Sie über sich, Ihre Familie, Ihre Freunde usw. sagen möchten. In solchen Fällen kann Ihnen Ihr ganz persönliches Wörterbuch weiterhelfen. Was ist also *„mon dico personnel"*?
Sie legen sich darin den Wortschatz an, der **für Sie persönlich von Bedeutung ist** und Ihnen unter anderem auch in der DELF Prüfung (B1), die mit einer Vorstellung Ihrer Person beginnt, hilft.
Verwenden Sie dazu im Bestfall ein separates Vokabelheft, das Sie auch in verschiedene Rubriken untergliedern können.

1. **Auffrischung von bereits gelerntem Wortschatz**
Im Unterricht werden Sie immer wieder feststellen, dass Sie so manches bereits gelernte Wort wieder vergessen haben. Dies ist völlig normal, insbesondere dann, wenn das Wort nicht oft verwendet wird. Trotzdem sollten Sie für sich selbst **Verantwortung** übernehmen und Ihre Lücken zu schließen versuchen, indem Sie **die Wörter, die Sie nicht mehr gewusst haben, (eigenständig) in Ihr *„dico personnel"* schreiben und sie nochmal lernen.**

2. **Erweiterung des Wortschatzes auf Ihre Bedürfnisse**
Insbesondere bei mündlichen Prüfungen, in denen Sie Aussagen über Ihr persönliches Umfeld treffen und Fragen dazu beantworten müssen, ist es wichtig, die Wörter aktiv zu beherrschen, die für Sie persönlich von Bedeutung sind!

Beispiel:
Sie gehen in einen **Fechtclub**, **sammeln** Filmplakate, tragen gerne **Flip-Flops**, hassen **Spinat** und besitzen eine **Bartagame**. Ihr Vater ist **Schreiner**. Später möchten Sie **Rechtsanwalt / Rechtsanwältin** werden.

→ Die fett unterlegten Wörter haben Sie noch nicht gelernt, sie sind aber wichtig, um über Ihr persönliches Umfeld (wahrheitsgemäß) Auskunft geben zu können.

5 Comment décrire et analyser une image ?

Wie beschreibe und analysiere ich ein Bild?

1. Beginnen Sie Bildbeschreibung mit der Nennung des **Bildtyps**.

On dit...

... pour décrire le type d'illustration :
C'est une photo / un dessin / un tableau / une affiche / une publicité / une BD / une planche *(Bildtafel)* / une vignette *(Bildfeld)*... en couleur / en noir et blanc.

2. Nennen Sie dann die auf dem Bild gezeigte **Situation**.

... pour situer la scène :
La scène / Cela se passe... dans la rue / en ville / à la campagne / à la montagne / au bord de la mer / dans une pièce...
La photo... montre / représente / met en scène...

3. Danach folgt die detaillierte Beschreibung der **Personen / Tiere** (Alter / Aussehen / Befinden / Gesten / Kleidung (siehe *„Wie beschreibe ich eine Person?“*, S. 69) / Aktivitäten) und / oder der **Gegenstände** und ihrer **Position / Verteilung** auf dem Bild.

... pour détailler la scène :
Au premier plan... / Au second plan... / A l'arrière-plan, on voit...
Au milieu (de) / au centre / à droite (de) / à gauche (de) / devant / derrière / en bas / en haut / sur / sous / près de / à côté de / au-dessus (de) / en dessous..., il y a / on trouve / on découvre / on remarque que / on (s')aperçoit (que)...

4. Abschließend sollten Sie **Hypothesen** (Möglichkeiten: vorausgehende oder nachfolgende Handlung / Bildaussage / Aussageabsicht bzw. „Botschaft“ etc.) bilden und / oder Ihre **persönlichen Eindrücke** / Ihre **persönliche Meinung** (Aussagen zur Stimmung o. ä.) äußern.

... pour interpréter la scène :
J'ai l'impression que... / On dirait que...
Ce qui me plaît / me choque / me surprend... est que...
Ce que je trouve + *adjectif* (drôle / bête / bizarre / ennuyeux / triste / gai...), c'est que...
Le photographe / Le dessinateur critique / se moque de / veut dire que...
La photo... (ne) me plaît (pas) parce que...
Je trouve la photo... + *adjectif* parce que...

6 Comment faire le portrait d'une personne ?
Wie beschreibe ich eine Person?

Personen lassen sich je nach Text- bzw. Bildvorlage und Aufgabenstellung unter verschiedenen Aspekten beschreiben. Dazu gehören v. a. das Äußere, der Charakter, das Verhalten, die Entwicklung, die Herkunft, die soziale Situation, die Beziehungen zu anderen Personen. Typische Aufgaben sind zum Beispiel:
Faites le portrait du personnage principal.
Analysez le caractère de X.
Quelles sont les rapports entre X et Y ?
Décrivez le comportement et les sentiments de X.
Folgende Redemittel sind bei der Bewältigung der Aufgaben hilfreich:

On dit...

... pour décrire le physique / l'apparence (Erscheinung) :

Le sexe:	(il s'agit d') un homme / une femme / un garçon / une fille
L'âge :	(être) âgé(e) de / de X ans / jeune, vieux (vieille)
La taille :	grand(e), petit(e), mince, corpulent(e), baraqué(e)
Le visage :	rond, ovale ; (avoir) les yeux bleus, noirs, verts, bruns
Le teint :	pâle, mat
Les cheveux :	(avoir les cheveux) blonds, roux, châtains, longs, courts, mi-longs, frisés
Les vêtements :	porter une jupe, un pantalon, une cravate, des lunettes, des bijoux, des chaussures // élégant(e), chic, moderne, démodé(e), de couleur claire / foncée

... pour décrire le caractère d'une personne / d'un personnage :

Wichtige Oberbegriffe:	la personnalité, le comportement, la conduite, l'évolution, les activités, le langage, les qualités, les faiblesses, les sentiments, les habitudes, les actions, les réactions	
Il / Elle est... C'est une personne...	sympa, adorable, cool, amusant(e) / drôle / marrant(e), sûr(e) de lui / d'elle, généreux (-euse), sévère, égoïste, timide, bizarre, fou/folle, rebelle, curieux (-euse), bavarde	
	gentil(le) ≠ méchant(e)	juste ≠ injuste
	gai(e) ≠ triste	poli(e) ≠ impoli(e)
	ouvert(e) ≠ fermé(e)	sensible ≠ insensible
	calme ≠ nerveux(-euse)	patient(e) ≠ impatient(e)
	intelligent, malin/maligne ≠ bête, stupide	tolérant(e) ≠ intolérant(e)
	sincère ≠ hypocrite	honnête ≠ malhonnête
Il / Elle a...	de l'humour, bon / mauvais caractère.	
Il / Elle aime...	rêver, rire (rigoler), se moquer des autres, jouer au chef, draguer	
Il / Elle est toujours prêt(e) à...	s'amuser, faire le clown, s'éclater, se disputer	
Il / Elle...	ne se plaint jamais, fait la tête tout le temps est toujours de bonne / mauvaise humeur	

... pour décrire l'environnement social

venir d'un / être issu (e) d'un...	milieu aisé / huppé / populaire / modeste
habiter / vivre...	en banlieue, à la campagne, en centre-ville, à la montagne, sur la côte, dans un village
être de nationalité...	française, allemande, marocaine
être...	athée, chrétien(ne), juif(-ve), musulman(e)
exercer... être...	une profession libérale / médicale / agricole médecin, boulanger(-ère), sans profession, SDF
suivre / recevoir... faire...	une formation en informatique des études de droit
entretenir	des rapports problématiques / harmonieux / compliqués / conflictuels avec la famille / les amis / les voisins / le(la) partenaire

7 Comment commenter des statistiques ?

Wie versprachliche ich Statistiken?

On dit

... pour parler des chiffres et de leur progression :

Environ... / A peu près... / Près de... Le double / le triple / la moitié / un quart / 10 % de...
Le nombre des X représente... % du total des XY.
Le taux (Quote, Prozentsatz) / le pourcentage / la proportion des XY
est de... % / est proche des... % / est élevé(e) / modeste / faible / en baisse / en hausse / en forte progression
a progressé / augmenté / diminué / baissé d'un tiers / d'un quart / de...%.
Il augmente / progresse / diminue / décroît légèrement / fortement de... à...
On constate / note / enregistre une forte / nette / légère tendance à la hausse / à la baisse.

... pour comparer :

Par comparaison avec X, / Comparé à X, / Par rapport à X,
Z est aussi / beaucoup plus / un peu moins (+ adjectif). / Z a autant / un peu plus / beaucoup moins de (+ nom).
Quand on compare X et Z, on constate / remarque / note que...

8 Comment réussir la compréhension orale ?
Wie komme ich mit dem Hörverstehen zurecht?

Beim Niveau B1, das Sie in der Zwischenzeit erreicht haben, werden Sie zunehmend mit längeren audiovisuellen Dokumenten konfrontiert werden, die auch vermehrt unbekannte Wörter enthalten. Deshalb gilt umso mehr: Gehen Sie alles ruhig und überlegt an!

- **Einmaliges Hören eines Dokuments (z. B. eine Reportage), um den Inhalt in groben Zügen zu entnehmen**
  Konzentrieren Sie sich auf das Wesentliche (Wer spricht? Worüber? Worin besteht die Hauptaussage?) und blenden Sie den Rest aus.

- **Mehrmaliges Hören eines Dokuments, um es nicht nur allgemein, sondern auch im Detail zu verstehen / erfassen (insbesondere auch in einer Prüfung / Klassenarbeit)**

Vorgehen

1. Vor dem Hören
Lesen Sie sich die **Arbeitsaufträge** konzentriert durch, damit Sie wissen, auf welche Informationen Sie besonders achten müssen. Oft geben sie – wie auch der Titel – bereits Auskunft darüber, worum es in dem Dokument geht. Falls Sie in den Arbeitsaufträgen auf Wörter stoßen sollten, die Sie nicht verstehen, versuchen Sie diese mit den erlernten **Strategien** (siehe *„Wie kann ich unbekannte Wörter erschließen?“*, S. 65) zu erschließen.

2. Erstes Hören (Globalverständnis)
Tipp: Versuchen Sie nicht, gleich *alles* zu verstehen!
Konzentrieren Sie sich vorrangig auf die **W-Fragen** *(qui ? quoi ? quand ? où ? pourquoi ?)*.
Auch (Hintergrund)geräusche etc. können Ihnen dabei helfen!
Beantworten Sie alle Arbeitsaufträge, die Sie bereits jetzt lösen können!

3. Zweites / drittes Hören (selektives / detailliertes Hören)
Achten Sie jetzt gezielt auf die **Informationen**, die Sie **im Hinblick auf die Arbeitsaufträge** (noch) **benötigen**.

4. Nach dem Hören
Gehen Sie Ihre Antworten noch einmal **konzentriert** durch und vervollständigen Sie – falls nötig – noch fehlende aus dem Gedächtnis.
Falls Sie zum Dokument Fragen (stichwortartig oder in ganzen Sätzen) beantworten mussten, prüfen Sie diese auf **sprachliche Richtigkeit**!

Tipp: Übung macht den Meister! Die beste Übung ist das regelmäßige Hören französischer Radiosendungen oder Chansons! Etliche französische Radiosender (z. B. *www.rfi.fr, www.lepointdufle.net, www.canalacademie.com/apprendre, http://gable.blogsport.com* etc.) bieten zudem Hördokumente mit interaktiven Übungen an, mit Hilfe derer Sie eigenständig üben und sich testen können! ☺

9 Comment faire quand le vocabulaire me manque ?

Wie umgehe ich Wortschatzlücken?

Beim Sprechen und Schreiben wird es Ihnen immer wieder passieren, dass Sie etwas versprachlichen wollen oder müssen, Sie aber das Wort / den Ausdruck noch nicht gelernt haben oder es / er Ihnen gerade nicht einfällt! Natürlich können Sie in einem Wörterbuch nachschlagen (siehe S. 66–67), aber oft ist die Zeit knapp, und in Gesprächen besteht dazu auch nicht immer die Möglichkeit. Deshalb ist es wichtig, Strategien zu kennen und anzuwenden, die Ihnen helfen, Wortschatzlücken zu umgehen (siehe auch *„Wie kann ich Sprachmittlung leisten?“*, S. 79)!

1. Suchen Sie Wörter mit **ähnlicher Bedeutung**

Beispiel: *Dieser Junge ist sehr* ***zurückhaltend****. ~* ***ruhig, schüchtern***
→ Ce garçon est très calme / timide.

Das ist ***der Brüller****! ~* ***toll***
→ C'est super / génial / trop bien !

2. Verwenden Sie Wörter mit **gegenteiliger Bedeutung** (Antonyme) und / oder **die Verneinung**

Beispiel: *Dieser Film ist* ***langweilig****. ≠* ***interessant***
→ Ce film n'est pas intéressant.

3. Verdeutlichen Sie die Bedeutung eines Wortes durch ein **Beispiel / Beispiele** oder **einen Vergleich / Vergleiche**

Beispiel: ***Ratten*** *sind süß.*
→ Ces animaux sont comme les souris mais (un peu) plus grands.

Der A 380 hat riesige ***Tragflächen****. (~* ***Flügel****)*
→ Les oiseaux ont ça pour voler.

Habt ihr die gleichen ***Schulfächer****?*
→ Ce sont par exemple les maths, les langues, l'histoire etc.

4. Verwenden Sie **Umschreibungen / Definitionen**

Beispiel: *Mein Vater ist* ***KFZ-Mechaniker****.*
→ Mon père répare des voitures.

Du ***zitterst*** *ja!*
→ On fait ça quand on a peur ou froid.

Ich bräuchte ***ein Kopfkissen****.*
→ C'est la chose qu'on met sous la tête pour dormir.

10 Comment entretenir une conversation ?
Wie kann ich eine Unterhaltung aufrechterhalten?

Achten Sie in einem Gespräch darauf, dass es nicht abbricht. Hier erfahren Sie einige Tricks, wie man ein Gespräch in Gang halten kann.

1. Sie können **Rückfragen** stellen, wenn Sie etwas nicht genau verstanden haben, und um Wiederholung oder weitere Erklärungen zu bitten:

On dit...

... pour entretenir une conversation :
Vous pourriez répéter, s'il vous plaît / Tu pourrais répéter, s'il te plaît ?
- Qu'est-ce que vous avez dit / tu as dit ? – Je n'ai pas (bien) compris. – Comment ?
- Qu'est-ce que cela veut dire ? – Est-ce que vous pourriez / tu pourrais m'expliquer cela ?
- Vous pourriez / Tu pourrais parler un peu moins vite, s'il te plaît ?

2. Sie sollten Ihrem Gesprächspartner zwischendurch eine **Rückmeldung** geben:

... pour commenter la conversation :

zustimmend
- Ah bon ? – Oui, c'est un problème.
- Tout à fait. – C'est ça. – Bien sûr.
- Ah, je vois ! – D'accord.
- Je comprends ce que vous voulez / tu veux dire.

ablehnend
- Non. – Jamais.
- Pas du tout.
- Non, ce n'est pas juste / vrai.
- Ce n'est pas tout à fait ça.

3. Sie können **andere zum Sprechen** auffordern:

... pour demander à quelqu'un de parler :
- Qu'est-ce que tu en penses / vous en pensez ? – Tu le vois / Vous le voyez comme ça aussi ? – Alors raconte (un peu). – Et comment c'était pour vous / toi ? – Quoi de neuf ?
- Ah, je voulais encore te demander...

4. Sie können auch um **Hilfe** bitten:

... pour demander de l'aide :
- Comment est-ce qu'on dit pour... ? – Comment ça s'appelle... ? – Ah, j'ai le mot sur la langue. – Je n'arrive pas à trouver le mot juste.

11 Commenter éviter des fautes ?
Wie kann ich am besten Fehler vermeiden?

Achten Sie bereits **beim Schreiben** darauf, Fehler zu vermeiden. Formulieren Sie **auf keinen Fall** einen deutschen Text, um ihn dann ins Französische zu übersetzen, sondern versuchen Sie, den Text mit dem **bereits bekannten Vokabular** sofort auf Französisch zu formulieren. **Vermeiden Sie lange und komplizierte Sätze**. Diese sind sehr fehleranfällig.

Wörter und Ausdrücke, bei denen Sie nicht sicher sind, schlagen Sie am besten in einem **einsprachigen Wörterbuch** nach, weil es dort meistens **Anwendungsbeispiele** gibt.

Beim Übersetzen eines **deutschen Begriffs** sollten Sie zu einem **zweisprachigen Wörterbuch** greifen. Dabei ist wichtig, dass man den **gesamten Eintrag** durchliest, um den passenden französischen Ausdruck zu finden. Dies gilt übrigens auch für elektronische Wörterbücher und Online-Wörterbucher im Internet.

Bei einer **Klassenarbeit** oder **Klausur** sollten Sie sich ausreichend Zeit nehmen, Ihren Text noch einmal **gründlich durchzulesen**. Natürlich gilt dies auch für Texte, die Sie als Hausaufgabe formulieren.

Beim **Durchlesen** sollten Sie darauf achten, die **inhaltliche Kontrolle von der sprachlichen zu trennen**, weil man sich erfahrungsgemäß immer nur auf einen Aspekt konzentrieren kann.

Die **sprachliche Durchsicht** sollte jedoch nicht erst in der Hektik vor der Abgabe der Klausur erfolgen, sondern **regelmäßig nach bestimmten Abschnitten**, spätestens jedoch nach der Lösung jeder einzelnen Aufgabe.

Nach jeder Klausur sollten Sie die Korrekturen der Lehrer sehr aufmerksam durchgehen und selbst eine intensive Nachkorrektur anfertigen, indem Sie in einer Checkliste Ihr **persönliches Fehlerprotokoll** erstellen. Darin werden im Laufe der Zeit Ihre eigenen **Fehlerschwerpunkte** sichtbar, auf die Sie bei der nächsten Klausur ganz besonders achten können.

Fehlercheckliste

Die folgende **Checkliste** zeigt typische **Fehlerquellen** auf und zeigt, worauf Sie besonders achten sollten.

Genus und Plural

Nomen, die im Deutschen und Französischen ähnlich sind, aber nicht dasselbe Genus haben:	***une** salade, **un** rôle, **une** planète, **une** rime, **un** groupe, **un** CD/DVD*
Nomen, die im Plural kein ***-s*** haben:	*un animal – des anim**aux***

Konjugationsformen der Verben

Bei der Vielzahl der französischen Formen muss man hier ganz besonders aufpassen. Gut ist, dass man im Zweifelsfall auf die **Tabellen in den einsprachigen Wörterbüchern** zurückgreifen kann.

Angleichung / Accord

– Subjekt und Verbendung:	*elles regard**ent** des photos*
– Angleichung des Begleiters an Genus und Numerus des Nomens:	*cet homme, cette voiture, ses amis, leurs enfants*
– Angleichung des Adjektivs an Genus und Numerus des Nomens:	*Ces fleurs sont très belle**s**. Une chose important**e**.*

Achtung ein ganz typischer Flüchtigkeitsfehler: Oft wird beim Plural das *-s* vergessen!

Adjektiv oder Adverb

Im Französischen gibt es für **Adjektiv** und **Adverb** unterschiedliche Formen:	*C'est **mauvais** signe. J'ai **mal** interprété le texte.*

Präposition oder Konjunktion

Achten Sie auf den **Unterschied** zwischen **Präposition** und **Konjunktion**:	***Pendant que je dormais*** (= Nebensatz), *un voleur est entré dans la maison.* ***Pendant mes vacances*** (= Präposition + Nomen), *je ne bouge pas beaucoup.*

Wortstellung

Die Pronomen stehen **vor** dem Verb: oft **vor dem Infinitiv**	*Elle **lui** donne une BD. Elle **s'**ennuie beaucoup. Elle ne **lui** a pas téléphoné.* **Aber:** *Il pense toujours **à elle**.* Elle n'aime pas ***lui*** téléphoner.
Die Verneinung umschließt das konjugierte Verb:	*Je **n'**ai **rien** dit. Il **ne** va **jamais** au cinéma. On **n'**en a **pas** beaucoup parlé.* **Ausnahme** bei *personne: Elle **n'**a vu **personne**.*

Subjonctif

– nach Verben der Notwendigkeit:	***Il faut que*** *tu **saches** la vérité.*
– nach Verben des Wünschens / Wollens:	***Elle veut que j'apprenne*** *à faire du ski.*
– nach Ausdrücken der Wertung und Gefühle:	*Je suis **content que** tu **sois** là. Il est important **qu'**elle **fasse** ce stage.*
– Nach Konjunktionen wie *avant que, bien que, pour que, sans que*:	***Bien qu'****il **fasse** beau, les enfants préfèrent rester dans leurs chambres.*

12 Comment écrire une lettre personnelle ?

Wie schreibe ich einen persönlichen Brief?

Beim Verfassen eines persönlichen Briefes sind nur wenige Aspekte zu beachten, die für die Korrespondenz mit Franzosen wichtig sind. Grundsätzlich hat man bei Briefen an Freunde oder Bekannte relativ große formale und sprachliche Freiheiten. Auch in einem persönlichen Brief sollten Sie sich allerdings um sprachliche Korrektheit bemühen und das *français familier* nur zurückhaltend verwenden.

Ort und Datum oben rechts. Achten Sie dabei auf den bestimmten Artikel beim Datum.	Berlin, **le** 12 mars 2011
Anrede Wenn Sie den Adressaten nicht besonders gut kennen.	Chère Madame (Leblanc), cher Monsieur (Duclerc),
Wenn Sie den Adressaten sehr gut kennen und ihm freundschaftlich verbunden sind.	Salut Jérôme, / Chère Christine, / Mon cher Claude, / Chers amis,
Nach der Anrede wird immer ein Komma gesetzt, danach wird groß weitergeschrieben.	**Q**ue je suis contente d'avoir de tes nouvelles. Je m'inquiétais déjà parce que ça fait longtemps que je n'ai pas reçu de lettre.
Gliedern Sie Ihren Text z. B. indem Sie von Ihrem Briefpartner sprechen, sich auf seinen Brief beziehen …	Je suis contente d'apprendre que tu as réussi ton examen. Je t'en félicite. Qu'est-ce que tu vas faire maintenant ? Tu vas rester à Nantes ?
… indem Sie dann über sich selbst berichten und über das, was Sie erlebt haben.	Quant à moi, ça va plus ou moins bien. J'ai fait la connaissance de Frank que je trouve très sympa. Mais…
Schlussformulierung	Bon, je te laisse, j'ai rendez-vous chez le dentiste. J'ai horreur d'y aller.
Abschließender Gruß Wenn Sie den Adressaten nicht besonders gut kennen.	Donne-moi bientôt de tes nouvelles. Embrasse la famille de ma part. Cordialement. / A bientôt. / Amitiés. / Avec toutes mes amitiés.
Wenn Sie den Adressaten sehr gut kennen und ihm freundschaftlich verbunden sind.	Bisous. / Gros bisous. / Grosses bises. / Je t'embrasse très fort. *Emilie*

13 Comment écrire une lettre officielle ?
Wie schreibe ich einen offiziellen Brief?

Offizielle Briefe verlangen hohe sprachliche Richtigkeit und eine sachliche Darstellung. Im Französischen sind der Aufbau und die Höflichkeitsformeln wichtig. Am Beispiel eines Bewerbungsschreibens für ein Praktikum wird das Schema deutlich, das man auf andere offizielle Briefe übertragen kann.

Absender
Links oben steht die eigene Adresse, evtl. mit Telefonnummer und ggf. E-Mail-Adresse.

Björn Meyer
Silberstr. 25
12345 Sonderheim
ALLEMAGNE

Adressat
Rechts unterhalb steht die Anschrift des Empfängers.

Association Terre verte
42, rue Marchand
31190 Auterive
FRANCE
Tél. 01 40 23 24 11

Ort und Datum

Sonderheim, le 25 mars 2010

Betreff

Objet : Candidature au stage / poste de…

Anrede
unbekannte Personen
– wenn bekannt:

Madame, Monsieur,
Cher Monsieur X / Chère Madame Y,

Nach der Anrede steht ein Komma, danach groß weiter.

Das Anliegen

Suite à votre annonce, je me permets de poser ma candidature pour… / Je souhaiterais effectuer un stage…

Ausbildung

Lycéen allemand, je…

Motivation

Votre association m'intéresse / Je m'intéresse à votre association parce que… / J'ai lu que votre organisation recherchait / avait besoin de…

Kenntnisse

Grâce à mes expériences / à mon séjour…, j'ai des connaissances dans le domaine de… / j'ai pu perfectionner…
Après avoir passé… / effectué des stages… / travaillé…

Zukunftsplan

J'ai l'intention de… / J'aimerais plus tard…

Schlussformel
Die Schlussformel enthält immer die Anrede.

Dans l'espoir d'une réponse positive, je vous prie d'agréer, Madame, Monsieur, l'expression de toute ma considération.

Björn Meyer

Bei Emails kann die lange Schlussformel durch „Cordialement" oder „Bien à vous" ersetzt werden.

Anlagen
(pièces jointes)

P. J.: CV / Certificat de… / Copie de…

14 Comment écrire un CV ?
Wie schreibe ich einen Lebenslauf?

Selbst wenn viele Unternehmen für Bewerbungen immer häufiger Online-Formulare zur Verfügung stellen, ist der „klassische" Lebenslauf weiterhin wichtig bei der Job- oder Praktikumsuche. Dies gilt, unabhängig davon, wie viel Berufserfahrung man schon hat. Der Lebenslauf muss auf eine Seite passen, klar gegliedert und übersichtlich präsentiert sein. Das folgende Modell eignet sich für Schüler ohne viel Berufserfahrung.

Angaben zur Person Name, Adresse	 Björn Meyer Silberstr. 25 12345 Sonderheim Allemagne
Telefon *(mit intern. Vorwahl)*, E-Mail, Alter *(oder Geburtsdatum)*, Staatsangehörigkeit	Tél. : 00-49-163 55 XX XX e-mail : björn@meyer.de 17 ans Nationalité allemande
Ausbildung in chronologisch umgekehrter Reihenfolge	**Formation** 2010 Préparation du baccalauréat (Français et Littérature), Louise-Schröder-Gymnasium, Munich Mai 2009 Stage dans le cadre de ma scolarité dans le département communication (Siemens, Munich) 2006–09 Lycée franco-allemand de Munich
Berufserfahrung in chronologisch umgekehrter Reihenfolge	**Expériences professionnelles :** Août 2010 Job d'été chez McDonald, Munich-Sendling Août 2009 Stage sur un chantier archéologique (Site en Grèce) 2008 Baby-sitting à Munich dans une famille française
Kenntnisse Sprachkenntnisse: Muttersprache kennzeichnen, Niveau / Sprachdiplome angeben	**Connaissances** • Langues Allemand : langue maternelle Français : lu, écrit et parlé Anglais : parlé et lu
Computerkenntnisse	• Informatique Word, PowerPoint, Photoshop
Hobbys / Interessen (hier vor allem die Hobbys herausstellen, die einen Bezug zum Job / Praktikum haben).	**divers** • Loisirs : football (je fais partie d'une équipe junior) • Activités culturelles : je joue de la guitare (membre d'un groupe de rock) et je suis des cours de théâtre • Echange scolaire à Aix-en-Provence en juin 2008

15 Comment pratiquer la médiation de langue ?
Wie kann ich Sprachmittlung leisten?

Sprachmittlung ist die **sinngemäße**, **adressatengerechte** und **situationsbezogene** (schriftliche oder mündliche) Wiedergabe von Informationen eines (schriftlichen oder mündlichen) Ausgangstextes in eine andere Sprache (hier D → F oder F → D). Die „Herausforderung" besteht insbesondere darin, **die** Informationen herauszufiltern, die für den Adressaten von Bedeutung sind, und diese unter Berücksichtigung des vorgegebenen kommunikativen Rahmens und mit den vorhandenen sprachlichen Mitteln **richtig und vollständig wiederzugeben**.

Beispiel:

Situationsbezug

Adressatenbezug

Ihr/e französische/r Austauschpartner/in hat Ihnen mitgeteilt, dass seine/ihre Familie im August gerne zwei Wochen Ferien auf einem Bauernhof in Bayern verbringen würde. Sein/ihr Vater träumt schon seit längerem davon, die Königsschlösser zu besichtigen; seine/ihre Mutter wandert gerne. Auch für die beiden Geschwister (4 und 8 Jahre) sollte gesorgt sein. Per Zufall sind Sie auf folgende Anzeige gestoßen. Informieren Sie Ihre/n Partner/in in einer E-Mail darüber.

Sie suchen Ruhe und Erholung, wollen aber auch Bayern kennenlernen?

Dann kommen Sie auf unseren kinderfreundlichen Bauernhof im Berchtesgadener Land. Vergessen Sie Ihren Alltag und genießen Sie auf unserer sonnigen Terrasse den herrlichen Bergblick. Sie finden auf unserem Einzelhof viele Tiere zum Streicheln und Füttern vor, wie Kühe, Kälber, Esel, Katzen, Hasen, Hühner und zwei Zwergziegen.
Zur Verfügung stehen Ihnen unser Kinderspielplatz (Rutsche, Schaukeln und Sandkasten), Kinderfuhrpark, Gartengrill, Tischtennis, Liegewiese. Wander-, Fahrrad- oder Bergtouren können Sie direkt von unserem Hof aus starten. Auch zu den kulturellen Highlights (Salzburg, Königssee, Königsschlösser uvm.) ist es nicht weit.

5 Ferienwohnungen F**** (60 qm) für 2–5 Personen: Komplett eingerichtete Wohnküche, zwei separate Schlafzimmer, Balkon, Sat-TV, großer Aufenthaltsraum. Mit Frühstücksservice, Brötchenservice, frische Eier und Milch gratis.

Preis: 35,00 € (November–April) – 70,00 € (Mai bis Oktober); für jede weitere Person 4 €/Tag
Hof freigemeldet: 15.–30.06.2009 1.–15.08.2009 25.09.–10.10.2009

1. **Vorbereitung**
- Lesen Sie sich die **Vor-/Angabe und den Ausgangstext konzentriert** durch.
- **Markieren Sie** (mit Unterstreichungen, Leuchtstift o. ä.) alle Informationen, die für den Adressaten (in der gegebenen Situation) wichtig sind.

2. **Durchführung**
- Betten Sie nun die Informationen in den **geforderten kommunikativen Rahmen** (hier: E-Mail) ein und erfassen Sie diese **richtig und vollständig**.
  Übersetzen Sie dabei **nicht wortwörtlich** und versuchen Sie, sich möglichst klar und verständlich auszudrücken!
  Tipp: Sie werden immer wieder auf Wörter stoßen, die Sie noch nicht gelernt haben oder die Ihnen (gerade) nicht einfallen! Was tun (siehe auch *„Wie umgehe ich mit Wortschatzlücken?"*, S. 72)?

▷ Überlegen Sie sich in Ihrer Muttersprache **einfachere Formulierungen**, die Sie (dann) auf Französisch wiedergeben können.

Beispiel: **Hof frei gemeldet** ~ Es gibt noch freie Wohnungen
→ Il y a encore des appartements libres.

▷ Denken Sie an **Umschreibungen** (Relativsätze (1) – Klärung der Bedeutung durch Vergleiche (2) / durch die Nennung von Beispielen (3))

Beispiele: (1) **kinderfreundlich**
→ … où on aime les enfants.

(2) **Esel**
→ C'est comme un petit cheval mais gris.

(3) **kulturelle Highlights**
→ A Paris, ce sont par exemple la tour Eiffel, Notre-Dame etc.

▷ Verwenden Sie Wörter mit **ähnlicher Bedeutung** (4) , **Antonyme** (5) und / oder die **Verneinung** (6) etc.

Beispiele: (4) **Wandertouren**
→ faire une / des randonnée/s

(5) **nicht weit**
→ C'est tout près.

(6) **komplett eingerichtet**
→ rien ne manque

Hinweis: Das eine oder andere Wort können Sie selbstverständlich auch im **Wörterbuch** nachschlagen (siehe S. 66–67).

– Prüfen Sie das, was Sie geschrieben haben, abschließend auf **inhaltliche Vollständigkeit** und ***sprachliche Richtigkeit***.

16 Comment préparer un exposé ?
Wie bereite ich ein Kurzreferat vor?

Am Ende der Sek. I und in der Übergangsstufe wird es immer häufiger vorkommen, dass Sie z. B. das Ergebnis einer Gruppenarbeit, ein von Ihnen selbst gewähltes Thema oder einen Text vor der Klasse vorstellen sollen.

Hier wollen wir Ihnen Hilfen anbieten, wie Sie ein entsprechendes Kurzreferat vorbereiten und vor allem, wie Sie es so präsentieren können, dass die Zuhörer davon profitieren können.

Vorbereitung der Präsentation:

1. Auseinandersetzung mit dem Text
Wenn Sie einen **längeren Text** zu einem Thema vorstellen wollen, müssen Sie sich natürlich zunächst einmal intensiv mit dem Text befassen (siehe „*Wie kann ich mit unbekannten Texten umgehen?*“, S. 64).

2. Zusätzliche Informationen aus dem Internet
Zum Thema können Sie sich Zusatzinformationen aus dem Internet holen. Achten Sie dabei darauf, dass Sie eine deutliche Auswahl der Informationen treffen und, dass Sie überprüfen, inwieweit diese Informationen als Ergänzung der Textinformation wichtig sind für das Verständnis des Themas.

3. Zusammenstellen von Vokabular zum Thema
Sie können davon ausgehen, dass Ihren Mitschülern das **spezifische Vokabular zum Thema** nur zum Teil bekannt ist. Wenn eben möglich, reduzieren Sie das unbekannte Vokabular auf das Notwendigste. Stellen Sie eine Liste von wichtigen Begriffen / Ausdrücken zusammen, gegebenenfalls in der Reihenfolge ihres Auftretens in Ihrem Referat oder gliedern Sie diese nach bestimmten **Oberbegriffen**, die für das Thema wichtig sind.
Die Liste können Sie entweder für die Zuhörer kopieren oder übersichtlich an die Tafel schreiben. Sie sollten dieses Vokabular vor Beginn Ihrer Präsentation oder an gegebener Stelle Ihres Referats erläutern.

4. Gliederung des Vortrags
Erstellen Sie eine übersichtliche Gliederung mit den wichtigen Aspekten, die Sie während Ihrer Präsentation ansprechen wollen. Übertragen Sie diese auf eine Folie oder schreiben Sie sie an die Tafel. So können Sie während der Präsentation jeweils auf den Unterpunkt hinweisen, den Sie gerade vorstellen. Das schafft auch Ordnung für die Zuhörer. Sie können ggf. die Gliederung mitschreiben. Noch besser wäre, wenn Sie diese in kopierter Form am Ende Ihres Vortrags an die Zuhörer austeilen könnten.

5. Der Vortragstext
Bei der Vorbereitung Ihres Referats können Sie natürlich einen **Text ausformulieren**.
Das schafft Sicherheit, und Ihnen wird bei der Ausformulierung klar, welches Vokabular Ihnen für die Präsentation fehlt. Dieser Text sollte allerdings nur der Vorbereitung dienen, Sie sollten nicht vorlesen, da das meist langweilig und unprofessionell wirkt.
Sie können ihn zunächst zu Hause mehrmals laut vor sich hin lesen, auch um ein Gespür dafür zu bekommen, wie lange die Präsentation dauert.
Für die eigentliche Präsentation sollten Sie sich nur **Stichworte notieren**, die der Chronologie Ihrer Präsentation folgen.

Durchführung der Präsentation:

Zunächst einige **Grundregeln**:

1. Schauen Sie Ihre Zuhörer während des Vortrags an.
An den Reaktionen deiner Zuhörer spüren Sie sehr schnell, ob Ihr Vortrag bei ihnen ankommt und ob sie Ihren Ausführungen folgen können.

2. Sprechen Sie langsam und deutlich. Machen Sie kurze Pausen.
Die Zuhörer kennen das Thema nicht, während Sie sich intensiv damit auseinandergesetzt haben. Sie brauchen Zeit, um sich auf das Gesagte einzulassen. Wiederholen Sie zentrale Aussagen, sie verstärken das Verständnis der Zuhörer.

3. Formulieren Sie, wenn eben möglich, frei.
Dadurch verlangsamt sich automatisch Ihr Vortrag, die Zuhörer können wesentlich besser folgen als wenn Sie einen vorbereiteten Text hastig vorlesen. Nutzen Sie Ihre Stichwörter (s. o.) für die Formulierung Ihrer Sätze.

4. Verwenden Sie ein möglichst einfaches Französisch, bilden Sie kurze und einfache Sätze.

5. Unterstützen Sie Ihren Vortrag durch Gestik und Mimik
Verhalten Sie sich dabei ruhig und sachlich, suchen Sie eine gute Standposition.

6. Verweisen Sie immer wieder auf die Gliederung Ihres Vortrags
Das erleichtert Ihren Zuhörern die Orientierung.

7. Beziehen Sie Ihre Zuhörer mit ein in Ihre Präsentation
Stellen Sie ihnen Fragen nach ihren Vorkenntnissen. Ermutigen Sie sie nachzufragen.

Einstieg in Ihre Präsentation:

Suchen Sie einen interessanten Einstieg in das Thema. Das kann
- ein Foto / ein Bild
- ein für dein Thema wichtiger Gegenstand
- oder ein Zitat sein

Formulieren Sie in einem **einleitenden Satz** den **inhaltlichen Schwerpunkt** Ihres Themas und verweisen Sie auf die **Gliederung** (Folie / Tafelanschrieb s. o.):

On dit…

… pour introduire l'exposé :
Je vais vous présenter…
Je voudrais (vous) parler de…
Je vous ai préparé un exposé sur…
Dans mon exposé, je vais aborder *(ansprechen)* les aspects suivants.
Voilà le plan *(Gliederung)* de mon exposé. *[Tafelanschrieb oder Kopie]*

Machen Sie die **Übergänge** zwischen den einzelnen **Gliederungspunkten** deutlich.

… pour continuer l'exposé :
D'abord /Pour commencer, je vais…
Ensuite, je vais parler de…
Mon dernier point se réfère *(sich beziehen auf)* à…
Pour terminer, je vais parler de…

Abschluss der Präsentation:

Fassen Sie die wichtigsten Punkte Ihrer Präsentation noch einmal zusammen.

… pour conclure l'exposé :
Pour terminer, je vais essayer de résumer les points importants de mon exposé…
Ce que j'ai trouvé le plus important, c'était le fait que…
Pour conclure je dirais que… / j'aimerais souligner que…

Geben Sie den Zuhörern Gelegenheit, Fragen zu einzelnen Aspekten zu stellen.

Est-ce que vous avez des questions concernant un aspect particulier ?
Avez-vous besoin d'explications supplémentaires *(zusätzlich)*?

Bedanken Sie sich bei Ihren Zuhörern für ihr Interesse und ihre Aufmerksamkeit.

Je vous remercie de votre intérêt / de votre attention.

Grammaire

Die folgenden Seiten bieten Ihnen eine *Révision* der wesentlichen Grammatik-Schwerpunkte der Sekundarstufe 1 und orientieren sich an der Basisgrammatik. Das jeweilige grammatische Thema wird mit Beispielen eingeführt. Die Beispiele sind so angelegt, dass Sie die Regel (blau unterlegt) selbst ableiten können, bevor Sie sich diese anschauen. Besonderheiten und Ausnahmen folgen unterhalb der Regelkästen.
Diese Seiten sind als kontinuierliches Nachschlagewerk gedacht, und sollen Sie auf dem Weg in die Oberstufe begleiten.

§ 1 Der Gebrauch des *Imparfait* und *Passé composé* – *L'emploi de l'imparfait et du passé composé*

Imparfait		**Passé composé**	
Wie war es damals? Was geschah regelmäßig?	Quand Pierre **était** étudiant, il **habitait** chez sa grand-mère à Paris. Tous les matins, elle lui **faisait** son lit.		
Welche Situation lag vor?	Mais sa chambre **était** trop petite.		
		Un jour, il **a commencé** à chercher une colocation. *(Wohngemeinschaft)*	Was geschah dann?
Wie waren die Umstände?	Ce n'**était** pas facile. A cette époque, il n'y en **avait** pas beaucoup.		
		Enfin, il **a lu** une annonce très intéressante et il **a téléphoné** au propriétaire.	Wie ging es weiter? *(Handlungskette)*
War war schon?	Mais c'**était** trop tard.		
		Après cela, il **a pris** le métro pour aller à la Sorbonne. Là, il **a vu** deux étudiantes.	Was geschah dann? *(Handlungskette)*
Was taten sie gerade?	qui **parlaient** de leur appartement.		
		Il **a** tout de suite **compris** :	Was geschah dann? *(neue Handlung)*
Worüber sprachen sie gerade?	elles **cherchaient** un nouveau colocataire. *(Mitbewohner)*		
		Quelle chance ! Il **s'est présenté** aux deux filles et leur **a expliqué** son problème. Et deux jours plus tard, il **a pu** déménager dans sa nouvelle chambre.	Und wie ging es dann weiter? *(Handlungskette)*
zeitlich nicht begrenzt		zeitlich begrenzt	

Man kann fragen:

↓

Was geschah oft oder regelmäßig?
Was war (schon / noch)?
Was war gerade? / Wie war es?

↓

Was geschah / passierte einmal / an diesem Tag?
Was geschah plötzlich / unerwartet?
Was geschah / passierte dann?
Und dann?

R1 Im ***Imparfait*** stehen **Begleitumstände** und **Hintergrundinformationen**.
Sie werden als **zeitlich nicht begrenzt** angesehen.
Mit dem ***Passé composé*** werden **einmalige Handlungen** und **Handlungsketten** ausgedrückt.
Sie werden als **zeitlich begrenzt** angesehen.

Die folgenden Wörter sind neben anderen meist ein Signal dafür, welche Zeit man verwenden muss:
Imparfait : comme toujours, souvent, tous les matins / soirs, chaque matin / soir.
Passé composé : alors, un jour, d'abord, tout à coup, ce matin / soir, puis, ensuite, cette fois, enfin.

§ 2 Der Subjonctif – *Le subjonctif*

1 Die Bildung des *Subjonctif*

Infinitiv	3. Person Plural Präsens	→	Subjonctif		
parler	ils **parl**ent		je	**parl**	**e**
attendre	ils **attend**ent		tu	**attend**	**es**
choisir	ils **choisiss**ent	**il faut**	il, elle, on	**choisiss**	**e**
dormir	ils **dorm**ent	**que / qu'**	nous	**dorm**	**ions**
mettre	ils **mett**ent		vous	**mett**	**iez**
écrire	ils **écriv**ent		ils / elles	**écriv**	**ent**

R1 | Bei fast allen Verben wird der *Subjonctif* abgeleitet vom **Stamm der 3. Person Plural Präsens**. Die Endungen lauten *-e, -es, -e, -ions, -iez, -ent*. Die *Subjonctif*-Formen der **1. und 2. Person Plural** entsprechen den Formen des ***Imparfait***.

Achten Sie auf folgende **Sonderformen**:

	avoir	être	pouvoir	savoir	faire	aller	vouloir
qu'il, qu'elle, qu'on	**ait**	**soit**	**puisse**	**sache**	**fasse**	**aille**	**veuille**

2 Der Gebrauch des *Subjonctif*

a Ausdrücke der **Forderung** und **Notwendigkeit**

il faut que	man muss	il est important que	es ist wichtig, dass
exiger que	fordern, dass	il est nécessaire que	es ist nötig, dass
interdire que	verbieten, dass	il suffit que	es genügt, dass
il est temps que	es ist Zeit, dass	vouloir que	wollen, dass
trouver important que	wichtig finden, dass		

b Ausdrücke der persönlichen **Wertung** oder **Gefühle**

ça m'amuse que	es macht mir Spaß, dass	avoir peur que	Angst haben, dass
c'est une chance que	es ist ein Glück, dass	se plaindre que	sich beklagen, dass
craindre que	fürchten, dass	ça me plaît que	es gefällt mir, dass
détester que	verabscheuen, dass	regretter que	bedauern, dass
ça m'énerve que	es regt mich auf, dass		
être…		trouver… / il est… / c'est…	
content(e) que	zufrieden sein, dass	bête que	dumm finden, dass
inquiet(-iète) que	unruhig / beunruhigt sein, dass	bizarre que	komisch finden, dass
(mal)heureux(-euse) que	(un)glücklich sein, dass	bien/bon que	gut finden, dass
triste que	traurig sein, dass	mauvais que	schlecht finden, dass
		important que	wichtig finden, dass
		normal que	normal finden, dass

c Verben, die einen **Wunsch**, eine **Bitte** oder einen **Vorschlag** ausdrücken

aimer que	gern haben / mögen, dass	avoir envie que	Lust darauf haben, dass
accepter que	zulassen / akzeptieren, dass	permettre que	erlauben, dass
désirer que	wünschen, dass	préférer que	vorziehen, dass
souhaiter que	wünschen, dass	proposer que	vorschlagen, dass

d Subjonctif **nach Konjunktionen**

pour que	damit	quoique	obwohl	sans que	ohne dass
bien que	obwohl	jusqu'à ce que	bis dass	avant que	bevor

§ 3 Die Zeitenfolge in der indirekten Rede – *La concordance des temps dans le discours indirect*

Direkte Rede	Indirekte Rede	
Léa raconte : « Je suis malade. » « J'étais malade. »	Léa raconte qu'elle est malade. qu'elle était malade.	**R1** | Steht in der indirekten Rede / Frage das **redeeinleitende Verb** im **Präsens**, so steht das Verb im **Nebensatz** in **derselben Zeit** wie in der direkten Rede.

Direkte Rede	Indirekte Rede	
La guide a dit : « Je **m'appelle** Anne. »	La guide a dit qu'elle **s'appelait** Anne.	**R2** | Steht in der indirekten Rede / Frage das **redeeinleitende Verb** in einer Zeit der **Vergangenheit**, so ergeben sich im **Nebensatz** folgende **Zeitverschiebungen** gegenüber der direkten Rede / Frage: **Présent** → **Imparfait** **Passé** → **Plus-que-parfaitcomposé** **Futur** → **Conditionnel simple présent**
Elle a demandé aux jeunes : « Vous **avez** déjà **visité** la ville ? »	Elle a demandé aux jeunes s'ils **avaient** déjà **visité** la ville.	
Elle a ajouté : « Je vous **montrerai** le port. »	Elle a ajouté qu'elle leur **montrerait** le port.	

Hat das konjugierte Verb in der direkten Rede die Endungen **-ais, -ais, -ait, -ions, -iez, -aient,** (Imparfait, Plus-que-parfait, Conditionnel présent und Conditionnel passé), so findet keine Zeitverschiebung statt.

§ 4 Das Passiv – *Le passif*

1 Bildung und Gebrauch des *Passif*

Im Französischen wird das **Passiv** selten, meist **nur in der Schriftsprache** gebraucht.

Marc	**a appelé**	la police.	Marc hat die Polizei gerufen.	**R1** | Das Passiv wird aus einer Form von ***être*** und dem ***participe passé*** des entsprechenden Verbs gebildet. Das *participe passé* richtet sich in **Genus** und **Numerus** nach dem **Subjekt** des Satzes. Im Passivsatz wird das **direkte Objekt** aus dem Aktivsatz zum Subjekt. Das Subjekt des Aktivsatzes (*Marc*) wird im Passivsatz mit ***par*** angeschlossen.
La police	**a été appelée**	par Marc.	Die Polizei wurde von Marc gerufen.	

Das ***Passiv*** kann in allen Zeiten und Modi vorkommen:

présent	je	**suis**	**invité(e)**	ich werde / bin eingeladen
passé composé	j'	**ai été**	**invité(e)**	ich bin eingeladen worden / wurde eingeladen
imparfait	j'	**étais**	**interrogé(e)**	ich wurde befragt
plus-que-parfait	j'	**avais été**	**interrogé(e)**	ich war befragt worden
futur simple	je	**serai**	**présenté(e)**	ich werde vorgestellt (werden)
conditionnel présent	je	**serais**	**appelé(e)**	ich würde angerufen werden
subjonctif	que je	**sois**	**entendu(e)**	… dass ich gehört werde

Beachten Sie:
Wenn der Urheber einer Handlung **unwichtig** oder **unbestimmt** ist, wird er nicht genannt:
Plus de 5000 visiteurs **sont attendus** au musée. → Im Museum werden mehr als 5000 Besucher erwartet.
In der gesprochenen Sprache verwendet man in diesem Fall eher einen Aktivsatz mit ***on*** als Subjekt:
On attend plus de 5000 visiteurs au musée.

2 Passivsatz im Deutschen, Aktivsatz im Französischen

In Kanada wird Französisch und Englisch gesprochen.	Au Canada, **on parle** français et anglais.
In dieser Familie wird viel diskutiert.	Dans cette famille, **on discute** beaucoup.
Sie ist gefragt worden, ob sie den Dieb gesehen habe.	**On** lui **a demandé** si elle avait vu le voleur.
Dieses Gericht wird kalt gegessen.	Ce plat **se mange** froid.
Dieses Auto wird in Kanada sehr gut verkauft.	Cette voiture **se vend** très bien au Canada.

R 2 | Im **Deutschen** kann man **Passivsätze ohne Subjekt** bilden. Im Französischen ist dies **nicht möglich**. Stattdessen verwendet man einen **Aktivsatz** mit ***on*** als **Subjekt**. Einige Ausdrücke, die im **Deutschen** im **Passiv** stehen, werden im **Französischen** mit einer **reflexiven Konstruktion** wiedergegeben.

§ 5 Das *Passé simple* – *Le passé simple*

1 Die Formen des *Passé simple*

Sie brauchen die ***Passé simple***-Formen nicht zu lernen, die Übersicht soll Ihnen aber eine Hilfe sein, die Formen **beim Lesen wieder zu erkennen**.

penser	j(e)	pensai	**partir**	j(e)	partis	**descendre**	j(e)	descendis
	tu	pensas		tu	partis		tu	descendis
	il/elle/on	**pensa**		il/elle/on	**partit**		il/elle/on	**descendit**
	nous	pensâmes		nous	partîmes		nous	descendîmes
	vous	pensâtes		vous	partîtes		vous	descendîtes
	ils/elles	**pensèrent**		ils/elles	**partirent**		ils/elles	**descendirent**

avoir	il **eut** / ils **eurent**	**venir**	il **vint** / ils **vinrent**	**courir**	il **courut** / ils **coururent**
être	il **fut** / ils **furent**	**mettre**	il **mit** / ils **mirent**	**disparaître**	il **disparut** / ils **disparurent**
dire	il **dit** / ils **dirent**	**voir**	il **vit** / ils **virent**	**pouvoir**	il **put** / ils **purent**

2 Der Gebrauch des *Passé simple*

Das ***Passé simple*** ist eine Zeit der Vergangenheit, die im täglichen Sprachgebrauch seltener vorkommt.

La famille Duquin roulait tranquillement sur la RN10. Tout à coup, un chien **a traversé** la route.	La famille Duquin roulait tranquillement sur la RN10. Tout à coup, un chien **traversa** la route.	**R1** Das ***Passé simple*** hat die **gleiche Funktion** wie das ***Passé composé***, wird aber vor allem in literarischen Texten und in historischen Berichten benutzt. Das *Passé simple* kommt fast nur in der **3. Person Singular** und **Plural** vor.
Imparfait / Passé composé In gesprochener und geschriebener Sprache.	**Imparfait / Passé simple** Vor allem in literarischen Texten und historischen Berichten.	

§ 6 Das *Gérondif* – *Le gérondif*

1 Die Bildung des *Gérondif*

	parler			choisir			descendre	
nous	**parl**	ons	nous	**choisiss**	ons	nous	**descend**	ons
en	**parl**	ant	en	**choisiss**	ant	en	**descend**	ant

Beachten Sie drei **Sonderformen**:

être → **en étant** **avoir** → **en ayant** **savoir** → **en sachant**

Die Besonderheiten bei den Verben auf **-cer** und **- ger** müssen Sie sich auch merken:

commencer → **en commençant** **manger** → **en mangeant**

R1 Das ***Gérondif*** setzt sich zusammen aus der Präposition ***en*** und einer **Verbform**, die gebildet wird aus dem **Stamm der 1. Person Plural Präsens** (*parl-*, *choisiss-*, …) und der Endung ***-ant***. Es ist **unveränderlich** und **neutral**. Es kann mit Verben in **unterschiedlichen Zeiten** verbunden werden.

2 Der Gebrauch des Gérondif

Das ***Gérondif*** wird häufig zur **Verkürzung eines Satzes** oder zur **Verknüpfung zweier Hauptsätze** benutzt. Es kann nur dann einen **Nebensatz** vertreten, wenn dieser **dasselbe Subjekt** hat wie der zugehörige **Hauptsatz**. Das gilt auch für die Verbindung **zweier Hauptsätze**.

Pendant que nous avons traversé le désert nous avons eu un accident.	▶	**En traversant** le désert, nous avons eu un accident.
Nous avons cherché de l'aide **et** nous avons trouvé des nomades.	▶	**En cherchant** de l'aide, nous avons trouvé des nomades.
Si nous avions eu du bon matériel nous aurions pu réparer la voiture.	▶	**En ayant** du bon matériel, nous aurions pu réparer la voiture.
J'ai trouvé ce job **comme ça** : j'ai écrit une lettre de candidature.	▶	J'ai trouvé ce job **en écrivant** une lettre de candidature.
J'ai trouvé cette annonce **de la façon suivante :** j'ai cherché dans plusieurs journaux.	▶	J'ai trouvé cette annonce **en cherchant** dans plusieurs journaux.

R2 Das ***Gérondif*** ersetzt Nebensätze mit ***pendant que*** oder ***quand*** und einen mit ***et*** verbundenen Hauptsatz.
In diesen Fällen drückt es die **Gleichzeitigkeit** aus.
Das ***Gérondif*** ersetzt Nebensätze mit ***si*** und drückt eine **Bedingung** aus.
Das ***Gérondif*** ersetzt zwei Hauptsätze, verbunden mit ***comme ça, ainsi, de la façon suivante*** und drückt die **Art und Weise** aus.

3 Stellung der Pronomen und der Verneinung

Je l'ai aidé **en lui expliquant** les règles du jeu. **En essayant** de **lui expliquer** les problèmes de mathématiques, j'ai compris qu'il était difficile de l'aider. **En ne l'invitant pas** à sa fête, elle l'a beaucoup déçu.	**R 3** Beim ***Gérondif*** stehen die **Reflexivpronomen, Objektpronomen** und die **Pronomen *en / y* zwischen *en*** und der **Verbform**. Bei **Verben mit Infinitivanschluss** stehen die Pronomen **vor dem Infinitiv**. Die **Verneinungselemente** umschließen die Verbform und die Pronomen.

§ 7 Infinitivsätze mit *pour, sans, avant de, après* – *Propositions infinitives avec « pour, sans, avant de, après »*

Mit ***pour, sans, avant de*** und ***après*** kann man Sätze verbinden, wenn sie das **gleiche Subjekt** haben.

1 Infinitivsätze mit *pour*

Marc est allé à la bibliothèque. **Il** voulait préparer son exposé.	►	**Marc** est allé à la bibliothèque **pour préparer** son exposé.	**R 1** Mit ***pour* + Infinitiv** kann man **zwei Sätze** verbinden, die **das gleiche Subjekt** haben.
Il a pris le métro. **Il ne** voulait **pas** arriver trop tard.	►	**Il** a pris le métro **pour ne pas arriver** trop tard.	Die Verneinungselemente treten **geschlossen vor den Infinitiv.**
Il est arrivé le premier. **Il ne** voulait voir **personne**.	►	**Il** est arrivé le premier **pour ne voir personne.**	Bei ***ne… personne* umschließen** die Verneinungselemente den Infinitiv.

2 Infinitivsätze mit *sans*

Marc a travaillé toute la journée. **Il n'**a **pas regardé** l'heure.	►	**Il** a travaillé toute la journée **sans regarder** l'heure.	**R 2** Mit ***sans* + Infinitiv** kann man **zwei Sätze** verbinden, die **das gleiche Subjekt** haben und von denen der zweite **verneint** ist.

Il a travaillé jusqu'à 21 heures. Il **n'**avait **pas** informé ses parents. **Marc** est parti à 21 heures. **Il ne** s'était **pas** levé depuis midi.	▶ **Il** a travaillé jusqu'à 21 heures **sans avoir informé** ses parents. ▶ **Marc** est parti à 21 heures **sans s'être levé** depuis midi.	**R3** Wenn der verneinte Satz **Vorzeitigkeit** gegenüber dem ersten Satz ausdrückt, benutzt man den **Infinitiv der Vergangenheit** ***(sans + avoir/être + Participe passé)***. Wie beim *Passé composé* mit *être* richtet sich beim **Infinitiv der Vergangenheit** mit *être* das *Participe passé* nach dem **Subjekt** des Hauptsatzes.

Marc a quitté la bibliothèque. **Il n'**a **rien** dit et **ne** s'est adressé à **personne.**	▶ **Marc** a quitté la bibliothèque **sans rien** dire et **sans** s'adresser à **personne.**	**R4** Bei ***sans*** **+ Infinitiv** stehen ***rien*** und ***personne*** ohne ***ne***. Sie bedeuten dann „etwas" bzw. „jemand".

3 Infinitivsätze mit *avant de*

Marc a téléphoné à sa copine. **Après**, **il** a pris le métro. **Marc** est sorti du métro. **Avant, il** avait discuté avec deux étrangers.	▶ **Marc** a téléphoné à sa copine **avant de** prendre le métro. ▶ **Avant de** sortir du métro, Marc avait discuté avec deux étrangers.	**R5** Mit ***avant*** **+ de + Infinitiv** kann man **zwei Sätze** verbinden, die **das gleiche Subjekt** haben und von denen einer **Vorzeitigkeit** gegenüber dem anderen ausdrückt.

4 Infintitivsätze mit *après*

Ils sont rentrés à la maison. **Avant**, ils ont fait une promenade. **Marc et sa copine** sont allés au cinéma. **Puis ils** ont pris un pot dans un petit bar.	▶ **Après avoir fait** une promenade, ils sont rentrés à la maison. ▶ **Après être allés** au cinéma, **Marc et sa copine** ont pris un pot dans un petit bar.	**R6** Mit ***après*** **+ Infinitiv der Vergangenheit** ***(avoir/être + Participe passé)*** kann man **zwei Sätze** verbinden, die **das gleiche Subjekt** haben und von denen einer **Nachzeitigkeit** gegenüber dem anderen ausdrückt. Wie beim *Passé composé* mit *être* richtet sich beim **Infinitiv der Vergangenheit** mit *être* das *Participe passé* nach dem **Subjekt** des Hauptsatzes.

§ 8 Das *Conditionnel présent* und das *Conditionnel passé* – *Le conditionnel présent et le conditionnel passé*

1 Die Bildung des *Conditionnel présent*

infinitif	+	→ conditionnel présent
travailler	**-ais**	**je travaillerais**
comprendre	**-ais**	**tu comprendrais**
partir	**-ait**	**il/elle/on partirait**
regarder	**-ions**	**nous regarderions**
vendre	**-iez**	**vous vendriez**
finir	**-aient**	**ils finiraient**

R1 Das ***Conditionnel présent*** wird genauso abgeleitet wie das *Futur simple*. Nur die Endungen unterscheiden sich. Es wird gebildet, indem man an das ***-r*** des Infinitivs die ***Imparfait*-Endungen *(-ais, -ais, -ait, -ions, -iez, -aient)*** anhängt.

infinitif	→	1. Person Singular			+	rais
acheter	→	j' achète	→	j'	achète	**rais**
préférer	→	je préfère	→	je	préfère	**rais**
appeler	→	j' appelle	→	j'	appelle	**rais**
payer	→	je paie	→	je	paie	**rais**

R2 Bei Verben auf **-er** mit **zwei verschiedenen Stämmen** im Präsens wird das *Conditionnel Présent* von der **1. Person Singular** abgeleitet und **vor der Endung ein *-r*** eingeschoben.

Achten Sie auf folgende **Sonderformen**:

mit einfachem „-r“			mit doppeltem „r“			mit eingeschobenem „d“		
avoir	→	j'aurais	**voir**	→	je verrais	**venir**	→	je viendrais
savoir	→	je saurais	**pouvoir**	→	je pourrais	**vouloir**	→	je voudrais
être	→	je serais	**envoyer**	→	j'enverrais	**il faut**	→	il faudrait
faire	→	je ferais	**courir**	→	je courrais			
devoir	→	je devrais						
aller	→	j'irais						

2 Der Gebrauch des *Conditionnel présent*

J'**aimerais** travailler pendant les vacances.	In den Ferien **würde** ich **gerne** arbeiten.
Ce **serait** bien pour toi.	Das **wäre** gut für dich.
A ta place, je **chercherais** un job en France.	An deiner Stelle **würde** ich einen Ferienjob in Frankreich **suchen**.
Tu **pourrais** parler français.	Du **könntest** Französisch sprechen.
Pourrais-tu m'aider à trouver un job ?	**Könntest** du mir bei der Jobsuche helfen?

R3 Mit dem ***Conditionnel présent*** drückt der Sprecher seine **Einstellung** zum Gesagten (**modale Funktion**) aus: einen **Wunsch**, eine **Vermutung**, einen **Ratschlag**, eine **Möglichkeit** oder eine **höfliche Bitte**.

3 Die Bildung des *Conditionnel passé*

conditionnel présent von avoir oder être	+	**participe passé**	=	**conditionnel passé**	**R 4** Das ***Conditionnel passé*** wird aus dem ***Conditionnel présent*** von ***avoir*** oder ***être*** und dem ***Participe passé*** des jeweiligen Verbs gebildet. Denken Sie an die Angleichung des *Participe passé*!
Tu **aurais pu** m'attendre !				Du **hättest** auf mich warten **können**!	
On se **serait ennuyé**.				Wir **hätten** uns **gelangweilt**.	
Je **serais** bien **resté/e**.				Ich **wäre** schon noch **geblieben**.	

4 Der Gebrauch des *Conditionnel passé*

– Tu as vu comment il a crié ? – Oui. Mais à sa place, je n'**aurais** pas **crié**. Il **aurait dû** rester calme.	Ja, aber an seiner Stelle **hätte** ich nicht **gebrüllt**. Er **hätte** ruhig bleiben **müssen / sollen**.	**R 5** Mit dem ***Conditionnel passé*** drückt man aus, dass ein **Geschehen in der Vergangenheit hätte stattfinden können**, aber **tatsächlich nicht stattgefunden hat.**

§ 9 Der Bedingungssatz – *La phrase conditionnelle*

Ein Bedingungssatz besteht aus zwei Teilsätzen.
Der **Nebensatz** drückt eine **Bedingung** aus, der **Hauptsatz** die **Folge**.

Nebensatz: Bedingung	**Hauptsatz: Folge**	**Erfüllung der Bedingung**
S'il **pleut**, Wenn es **regnet**, ▶ **si + présent**	on **ira** au cinéma. **gehen** wir ins Kino. **futur simple** (présent, impératif)	möglich / wahrscheinlich
Si j'**avais** le temps, Wenn ich Zeit **hätte**, ▶ **si + imparfait**	je **ferais** les courses. **ginge** ich einkaufen. **conditionnel présent**	möglich, aber unwahrscheinlich unmöglich (Gegenwart)
Si nous n'**étions** pas **parti/e/s** trop tard, Wenn wir nicht zu spät **(los)gegangen wären**, ▶ **si + plus-que-parfait**	nous **aurions eu** le dernier métro. **hätten** wir die letzte U-Bahn noch **erwischt**. **conditionnel passé**	unmöglich (Vergangenheit)

Beachten Sie, dass nach ***si*** = „wenn, falls" (im Gegensatz zum Deutschen!) ***nie*** das ***Futur*** oder das ***Conditionnel*** steht (vgl. englische If-clauses)! ***Si*** wird vor *elle / elles* und *on* **nicht** apostrophiert!

§ 10 Die Adverbien – *Les adverbes*

1 Die Bildung der Adverbien

Adjektiv	→	feminine Form	+ -ment = Adverbe
gratuit	→	gratuit**e**	gratuit**ement**
heureux	→	heureu**se**	heureu**sement**
long	→	lon**gue**	lon**guement**
dernier	→	derni**ère**	derni**èrement**
drôle	→	drôle	drôl**ement**
joli	→	jolie	jol**iment**
élégant	→	élégante	élég**amment**
différent	→	différente	différ**emment**

R1 | Die meisten Adverbien werden vom Adjektiv abgeleitet, indem man an die **feminine Form** die Endung *-**ment*** hängt. Ausnahme sind die Adjektive, die **auf einen Vokal enden**; hier wird die Endung ***-ment*** an die **maskuline Form** des Adjektivs gehängt. Adjektive, die auf ***-ent*** oder ***-ant*** enden, bilden das Adverb auf ***-emment*** oder ***-amment***; Ausnahme: lent,e → lent**e**ment.

Achten Sie auf folgende Sonderformen :

Adjektiv		Adverb	Adjektiv		Adverb	Adjektiv		Adverb	Adjektiv		Adverb
bon	→	**bien**	mauvais	→	**mal**	gentil	→	**gentiment**	énorme	→	**énormément**

2 Die Funktion der Adverbien

	Nähere Bestimmung
Le public **a applaudi longuement.**	**eines Verbs**
Tout le monde est **sûrement content.**	**eines Adjektivs**
Le concert n'a pas duré **très longtemps.**	**eines (weiteren) Adverbs**
Partout, le groupe a un énorme succès.	**eines ganzen Satzes**

R2 | Wie im Deutschen bestimmt das Adverb auch im Französischen Satzteile **näher**: **Verben, Adjektive, Adverbien** oder **ganze Sätze**. Im Gegensatz zum Adjektiv ist das Adverb **unveränderlich**.

Im Deutschen haben die Adverbien oft die gleiche Form wie die Adjektive. Überlegen Sie sich also immer, ob Sie ein Adjektiv oder ein Adverb verwenden müssen, da die Formen im Französischen unterschiedlich sind!

Der Zug ist schnell.	Le train est **rapide**.	▶ ***Adjektiv***
Er kommt schnell an.	Il arrive vite/**rapidement**.	▶ ***Adverb***

3 Die Stellung der Adverbien

Adverbien des **Ortes**	ici, là / là-bas, partout, en bas/en haut, à gauche/ à droite…	→ Meist am **Anfang** oder am **Ende** des Satzes (*puis* immer am Anfang)
Adverbien, die einen **Zeitpunkt** oder eine **zeitliche Abfolge** angeben	aujourd'hui, demain, hier, maintenant… au début, avant / après, à la fin, ensuite, puis, enfin…	→ Meist am **Anfang** oder am **Ende** des Satzes (*puis* immer am Anfang)
Adverbien der **unbestimmten Zeit**	longtemps, longuement, déjà, toujours, tout à coup, tout de suite, tout le temps…	→ Meist **hinter** der **konjugierten Verbform**
Adverbien der **Menge / des Grades**	assez, beaucoup, moins, plus, trop, peu…	→ Meist **hinter** der **konjugierten Verbform**
Adverbien der **Art und Weise**	certainement, absolument, complètement, sûrement, vraiment, seulement, vite, bien…	→ Meist **hinter** der **konjugierten Verbform**; → Abgeleitete Adverbien auch **nach** dem ***Participe passé*** oder dem **Infinitiv**
Satzadverbien	(mal)heureusement, normalement, alors…	→ Fast immer **am Anfang** des Satzes

Beachten Sie:
Im Gegensatz zum Deutschen können die Adverbien **des Ortes** und **der Zeit nie zwischen Hilfsverb und *Participe passé*** bzw. **zwischen konjugiertem Verb und Infinitiv** stehen!

Tu m'as aidé **hier**.	Du hast mir **gestern** geholfen.
J'aimerais aller au cinéma **demain**.	Ich würde **morgen** gerne ins Kino gehen.

4 Die Steigerung der Adverbien und der Vergleich

Komparativ / Vergleich	+ = –	**plus** **aussi** **moins**	+	**adverbe**	+	**que / qu'**
Léo court	**plus / aussi / moins**			**vite**	**que** son copain.	
Superlativ	++ – –	**le plus** **le moins**	+	**adverbe**	(+)	**(de / d')**
Léa court	**le plus / le moins**			**vite**		(de tous).

R3 Der Komparativ des Adverbs wird wie beim Adjektiv mit ***plus… que, aussi… que*** und ***moins… que*** gebildet; der Superlativ mit ***le plus… (de/d')*** oder ***le moins… (de/d')***.

Achten Sie auf die Sonderform des Adverbs ***bien***:

	+	=	–	++	– –
Marc travaille	mieux **que**	**aussi bien que**	**moins bien que**	le mieux	**le moins bien**
	ses camarades.			de tous.	

§ 11 Die direkten und indirekten Objektpronomen – *Les pronoms objets directs et indirects*

1 Überblick

Person		direktes Objekt m.	m./f.	f.	direktes/indirektes Objekt m./f.	indirektes Objekt m./f.
Singular	**1.**				**me / m'**	
	2.				**te / t'**	
	3.	**le**	**l'**	**la**		**lui**
Plural	**1.**				**nous**	
	2.				**vous**	
	3.		**les**			**leur**

R1 | ***me, te, nous*** und ***vous*** können sowohl **direkte** als auch **indirekte** Objektpronomen sein ; sie können nur **Personen** vertreten; die **indirekten Objektpronomen *lui*** und ***leur*** beziehen sich fast immer auf **Personen**. Die **direkten Objektpronomen *le, l', la*** und ***les*** können **Personen** und **Sachen** ersetzen.

Wichtig ist, dass Sie zwischen direktem und indirektem Objekt unterscheiden können: Das **direkte Objekt** wird im Französischen **direkt, also ohne Präposition ans Verb angeschlossen** (z. B. regarder **qn / qc**), das **indirekte Objekt mit der Präposition à** (z. B. mentir **à qn**). Lernen Sie die französischen Verben am besten immer mit ihren Anschlüssen!

2 Die Stellung der direkten und indirekten Objektpronomen

Tu as vu **mon livre** ?	Oui, je **l'**ai vu.
Ton copain **t'**attend ?	Oui, il **m'**attend.
Lucie a demandé **à ses parents** ?	Oui, elle **leur** a demandé.
Vous voulez regarder **les photos** ?	Oui, nous voulons **les** regarder.
Tu vas acheter **le CD** ?	Oui, je vais **l'**acheter.

R2 | Die **direkten und indirekten Objektpronomen** stehen immer unmittelbar **vor der konjugierten Verbform.** Beim ***futur composé*** und bei **modalen Hilfsverben** stehen sie **vor dem Infinitiv!**

Tu **me** donnes **le nouveau DVD** ?	Oui, je **te le** donne.
Vous montrez **les photos à Marie** ?	Oui, on **les lui** montre.
Papa, je **t'**ai déjà présenté **mon ami** ?	Oui, tu **me l'**as déjà présenté.
Tu ne vas pas rendre **le CD à tes amies** ?	Si, je vais **le leur** rendre.

R3 | me / te / se / nous / vous → le / la / les → lui / leur → y / en

Vite, le métro part dans une minute !	Attends-**moi**.
Luc est hyper cool !	Mais, non ! Regarde-**le**.
Tu as tout pris ?	Oui, **ne t'**inquiète **pas**.
Au secours ! Mon sac !	**Ne le** lâchez **pas** !
Tu veux que je **te** passe **le dessert** ?	Oui, passe-**le**-**moi**.
Je montre **la lettre aux enfants** ?	Non, **ne la leur** montre **pas**.

R4 | Beim **bejahten Imperativ** stehen die Pronomen **mit Bindestrich angeschlossen nach dem Imperativ.** ***Me*** und ***te*** werden zu ***moi*** und ***toi***. Beim ***verneinten Imperativ*** stehen sie **an derselben Stelle wie im Aussagesatz.**

Laurent **t'**appelle souvent ?	Non, il **ne m'**appelle **jamais**.
Laure à menti **à ses profs** ?	Non, elle **ne leur** a **pas** menti.
Tu as déjà donné **le CD à ta mère** ?	Non, je **ne le lui** ai **pas encore** donné.
Vous allez encore **nous** téléphoner ?	Non, je **ne** vais **plus vous** téléphoner.

R5 | Die **Verneinungselemente** umschließen **das / die Pronomen und das konjugierte Verb**; bei einem **folgenden Infinitiv** jedoch **nur das konjugierte Verb.**

Bildquellennachweis

© Éditions Bamboo, 2000, by Pica & erroc, Charnay les Macon, **M6-55.1;** AKG (© Succession Marcel Duchamp / VG Bild-Kunst, Bonn 2010), Berlin, **M5-47.1;** Alamy Images, Abingdon, Oxon: (Directphoto.org), **M1-04.1;** (Steffen Hauser / botanikfoto), **M4-37.3;** Archives Départementales du Haut-Rhin, Colmar, **M2-17.4;** ARD aktuell, Hamburg, **M1-14.9;** Casterman S.A., Brüssel: (« Nathalie - Un monde sans pitié » de Sergio Alma), **M3-31.1;** (« Le Chat, Tome 1 » de Philippe Gelück), **M5-46.1;** Charlène Zuber, Ayer, **M3-32.1;** Corbis, Düsseldorf: (BEMBARON JEREMY/Sygma), **M4-40.1;** (Blaine Harrington III), **M4-42.2;** (C.I.C.R. VERNIER JEAN BERN), **M3-34.1;** (Eric Fougere/VIP Images), **M3-27.3;** (Francois Berthier), **M5-51.2;** (Gary Edwards/zefa), **M5-53.1;** (Leonard de Selva), **M2-17.3;** (Philippe Caron/Sygma), **M1-15.1;** Corel Corporation Deutschland, Unterschleissheim, **4.2, M6-54.1;** Les Ados © Cestac Dargaud 2010, **M2-20.1;** Task Force Germany, Deutsche Erdbebenrettung e.V., Merzenich, **M3-33.1;** Dreamstime LLC (Deshacam), Brentwood, TN, **M1-04.3;** Editions Apollonia, Tunis, **M4-43.1;** Éditions Glénat, Issy-Les-Moulineaux: (Titeuf « Lâchez-moi le slip »), **M4-38.1;** (Fred Doms / Stef Gros), **M4-38.2;** (Titeuf, Tome 5 par ZEP), **M6-55.1;** Eric Triau, Malesherbes, **M2-17.5;** Sylvie Fleury, Ela 75K (Go Pout), 2000 Courtesy Galerie Eva Presenhuber et Sylvie Fleury, **M5-46.3;** Fotolia LLC, New York: (Arraial), **M4-44.5;** (Gina Sanders), **M6-54.3;** (jeanphilippe delisle), **M4-37.1;** (Lovrencg), **M4-42.1;** (majesticca), **M5-50.3;** (william roche), **M4-44.6;** Fotosearch Stock Photography (Brand X Pictures), Waukesha, WI, **M1-07.3;** Getty Images, München: (3rd Party Agents), **M5-46.2;** (AFP), **3.1, M3-26.1;** (AFP PHOTO / BERTRAND GUAY), **M5-51.4;** (Image Source), **M6-54.2;** (MIGUEL MEDINA/AFP), **M5-45.1;** (Punchstock / Author's Image), **M4-42.5;** Hölzl, Olivier (Andreas Nader - www.myspace.com/freshfrenchsound), Wien, **M5-49.2;** Imago, Berlin, **M3-27.1, M5-50.2, M6-58.2;** Integra Communication GmbH (Alessi), Hamburg, **M5-49.1;** Interfoto (R. Großkopf), München, **M4-37.4;** iStockphoto, Calgary, Alberta: (Björn Meyer), **4.1, M5-45.2;** (Chris Schmidt), **M1-07.2;** (Claude Dagenais), **M5-45.3;** (Jonatha Borzicchi), **M2-16.3;** (Michael Pettigrew), **M4-44.2;** (Roberto Gennaro), **M4-44.3;** Jehan Sauval-Schmutzler, Mesnières en Bray, **M2-23.1;** Josiane Mauchauffée, Le Plessis Trevise, **M2-23.3;** Klett-Archiv (Katrin Schäflein), Stuttgart, **M1-10.1;** Koons, Jeff (Laurent Lecat), New York, **M5-48.1, M5-48.2;** laif, Köln: (eyedea / KEYSTONE France), **M2-17.1;** (Gamma / Eyedea Presse), **M5-51.1;** (GANTIER MARC / Gamma / Eyedea Presse), **M3-27.2;** (Keystone Schweiz), **M4-39.1;** (Richard Dumas/VU), **M5-51.3;** "MAITE COIFFURE" de Marie-Aude Murail, Illustration: Dupuy-Berberian © Ecole des Loisirs, **M6-60.1;** Logo, Stuttgart, **M1-12.1, M1-12.2, M1-12.3, M1-12.4, M1-12.5, M1-12.6, M1-12.7, M1-12.8, M1-12.9, M1-12.10, M1-12.11, M1-12.12, M1-12.13, M1-12.14, M1-12.16, M1-14.1, M1-14.2, M1-14.3, M1-14.4, M1-14.5, M1-14.6, M1-14.7, M1-14.8, M1-14.10, M1-14.11a, M1-14.11b, M1-14.11c, M1-14.13, M1-14.14, M1-14.15, M1-14.16;** Mix & Remix (Philippe Becquelin), Lausanne, **M6-59.1;** Monique Badens, Aigrefeuille D'Aunis, **M2-23.2;** Pancho, **M3-27.4;** Paul Carali, Paris, **M1-09.1;** Picture-Alliance, Frankfurt: (Bildagentur H), **M4-42.4;** (Bildagentur-o), **3.2, M4-35.1;** (Thomas Eisenhuth), **M4-37.2;** RTL NewMedia GmbH, Köln, **M1-14.12;** Schwaneberger Verlag GmbH, Unterschleißheim, **M2-18.1;** Semaine de la Critique (Chloé Nicosia, 2009), Paris, **M2-21.1;** shutterstock, New York, NY: (Andrew Buckin), **M5-49.3;** (bumihills), **M4-44.1;** (Evgeniapp), **M4-44.4;** (Jose Ignacio Soto), **M4-42.3;** (Lisa F. Young), **M6-58.1;** (PHOTOCREO Michal Bednarek), **2.1, M1-04.2a;** (Stephen Coburn), **M1-07.1;** (Vladimir Wrangel), **3.3, M4-35.2;** (Yuri Arcurs), **Coverbild;** (zimmytws), **M4-37.5;** Süddeutsche Zeitung Photo, München, **M2-17.2;** The Associated Press GmbH (Raoul Dobrenel), Frankfurt am Main, **M1-15.2;** Thinkstock (iStockphoto), München, **M5-46.4, M5-50.1;** © Tralalere 2010, www.vinzetlou.net, **M1-08.1;** Ullstein Bild GmbH, Berlin: (AISA), **M2-16.1;** (Giribas), **2.2, M2-16.2;** (LYDIE/OH/SIPA), **M3-29.1;** (Roger Viollet), **M2-22.2;** (SV-Bilderdienst), **M2-22.1;** Wikimedia Foundation Inc. (PD), St. Petersburg FL, **M3-34.2**

Sollte es in einem Einzelfall nicht gelungen sein, den korrekten Rechteinhaber ausfindig zu machen, so werden berechtigte Ansprüche selbstverständlich im Rahmen der üblichen Regelungen abgegolten.

Verweis °

p. 08 Vinz et Lou sur Internet, une production Tralalere, réalisée avec l'aide du ministère de l'Education nationale et le soutien de la Commission européenne dans le cadre d'Internet sans crainte. © Tralalere 2010, www.vinzetlou.net.

p. 19 Ipsos a réalisé cette enquête par téléphone, auprès de 959 personnes en France constituant un échantillon national représentatif de la population française âgée de 18 ans et plus et auprès de 941 personnes en Allemagne constituant un échantillon national représentatif de la population allemande âgée de 18 ans et plus. Ce sondage a été effectué pour Arte et Le Figaro, les 10 et 11 janvier 2003 en France et du 8 au 14 janvier 2003 en Allemagne. © Ipsos / Arte / Le Figaro, 2003.

p. 28 Ipsos a réalisé cette enquête par Internet auprès de 800 adolescents de 15 à 18 ans constituant un échantillon national représentatif, selon la méthode des quotas de sexe, âge, région, catégorie d'agglomération et niveau de diplôme et 843 adultes de 25 ans et plus constituant un échantillon national représentatif selon la méthode des quotas de sexe, d'âge, région, catégorie d'agglomération et profession du chef de famille. Les interviews ont été réalisées pour la Fondation Wyeth du 8 au 21 décembre 2009. © Ipsos